KB061984

달라이라마의
마지막 수업

달라이라마의 마지막 수업
FAITES LA RÉVOLUTION!

Faites la révolution. L'appel du Dalaï-lama à la jeunesse

Editions Massot/Editions Rabelais

© Dalaï Lama Trust, Sofia Stril-Rever, 2017.

All rights reserved.

Korean Translation Copyright © Dasan Books, 2022

This Korean Edition is published by special arrangement with Massot Éditions/Éditions Rabelais in conjunction with their duly appointed agent 2 Seas Literary Agency and co-agent Milkwood Agency.

이 책의 한국어판 번역권은 밀크우드 에이전시를 통한 저작권사와의 독점 계약으로 ㈜다산북스에 있습니다. 저작권법에 의해 한국 내에서 보호를 받는 저작물이므로 무단전재와 복제를 금합니다.

달라이라마의
마지막 수업

내 삶의 방향키를
잃어버렸을 때
FAITES LA RÉVOLUTION

달라이라마 지음
소피아 스트릴르베 엮음
임희근 옮김

목차

제1부

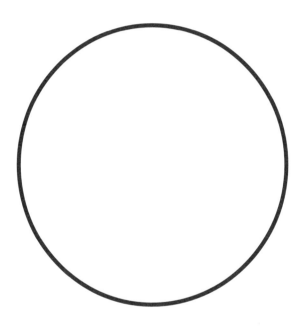

아흔의 끝,
스물의 시작

FAITES LA
RÉVOLUTION!

나의 희망,
인류의 미래인 여러분에게

Dalai-Lama ⬤

사랑하는 형제자매 여러분, 젊은 친구들, 여러분은 이 세 번째 천 년(2001~3000년) 초에 태어났습니다. 여러분은 세계의 젊은이들입니다. 21세기가 시작된 지 20년도 채 안 되었습니다. 세계는 여러분처럼 아직 젊디젊기에 여러분과 함께 커나갈 것입니다. 여러분이 하기 나름입니다.

내가 여러분께 이렇게 호소하는 것은, 여러분을 직접 지켜보았고 여러분에게 믿음을 갖고 있기 때문입니다. 몇 년 전부터 나는 될 수 있는 대로 직접 여러분과 만나려 했습니다. 이곳 인도에서 만나든 멀리 유럽 국가나 미국, 캐나다, 호주, 또 일본까지 가서 만나든 그러합니다. 여러분을 만나 말을 나눠본 뒤, 나는 여러분 세대가 21세기를 평화와 대화의 세기로 변모시킬 수 있다는 확신을 얻었습니다. 여러분에게는 인류 그 자체와 자연환경과 대화함으로써 오늘날 갈가리 찢겨 있는 인류를 화해시킬 수 있는 힘이 분명 있습니다.

여러분이 구현하고자 하는 새로움은 낡은 세계의 암흑과 고통과 눈물로 가득 찬 혼돈으로 둘러싸여 있습니다. 지금 여러분은 증오, 이기주의, 폭력, 탐욕, 광신 때문에 이 지구상의 생명까지 위협받는, 모든 위험이 내포된 밤의 전초기지에 서 있는 것과 매한가지입니다. 하지만 여러분의 젊음은 과거로부터 대를 이어 내려온 몽매한 반계몽주의를 다 지워버릴 수 있는, 내일을 위한 불굴의 힘을 가지고 있습니다.

젊은 친구들, 여러분은 인류를 위해 품은 나의 희망입니다. 이 말을 여러분이 듣고서 행동으로 옮길 수 있게 큰 소리로 외치고 싶습니다. 나는 믿음으로 미래를 봅니다. 여러분이 좀 더 인류애 넘치고 좀 더 정의롭고 좀 더 인류가 연대된 미래를 향해 세상을 굴러가게 하리라는 확신이 있기 때문이지요.

나는 지금 82세인 내 경험을 바탕으로 여러분에게 말하고 있는 것입니다. 내 나이 16세[1]였던 1950년 11월 17일, 나는 티베트의 지상권地上權과 종교권을 모두 행사하는 더없이 높은 소임을 맡기 위해 라싸의 황금 권좌에 오름으로써 자유를 잃었습니다. 또 25세였던 1959년 3월에는 내 나라를 잃었습니다. 이 해에 티베트가 중화인민공화국에 강제 병합되었으니까요. 1935년생인 나는 20세기의 무시무시한 사건들을 겪었습니다. 20세기는 역사상 가장 유혈이 낭자한 시기였지요. 왜냐하면 인간의 놀라운 지성이 생명에 도움을 주고 아끼고 보호하기는커녕, 태양도 끌어다 쓰는 그 힘을 사용하여 생명을 절멸하는 데 일조했기 때문입니다. 여러분이 태어난 세상은 각종 원자력 병기들이 지구를 수십 번도 더 파괴할 수 있는 그런 곳이 되었습니다.

여러분의 조부모님과 부모님은 세상에 불을 지르고 피를 흘리게 한 두 번의 세계대전과 여러 분쟁을 몸소 겪으신 분들입니다. 해일처럼 밀려드는 전대미문의 폭력이 격앙된 민족주의, 인종차별, 유대인 혐오, 이념적 세뇌 등으로 점점 더 확대되면서 인류를 휩쓸었습니다. 유럽에서는 나치의 유대인 대량 학살이

---

1) 티베트식 계산법으로는 태어나면 이미 한 살이다.

벌어졌고, 일본에서는 원자폭탄이 투하되었으며, 전세계적으로 냉전이 있었습니다. 또 한국과 베트남과 캄보디아에서 동족상잔의 비극이 벌어졌고, 중국의 문화혁명이 있었으며, 중국과 티베트에서 7억 인구가 기근에 시달리던 시대, 나는 그런 시대를 살아왔습니다.

여러분과 나는 인류의 요람이었던 나라들을 폐허로 만들었던 분쟁으로 인해 아프가니스탄과 중동이 활활 불타 잿더미가 되는 것을 보았습니다. 그리고 지금은 어떻게든 바다를 건너 살아남으려 하다가, 가족들의 생존을 도우려고 하다가 파도에 휩쓸려 익사한 어린이와 청소년과 성인 남녀들의 모습이 지중해 연안에서 이곳까지 전해지고 있습니다.

여러분과 나는 지구 환경 체계의 붕괴와 20분마다 식물이나 동물 종[注] 하나가 사라질 정도로 위협적인 생태 다양성의 감소를 눈앞에서 보고 있습니다. 그리고 우리는 지구의 마지막 큰 허파인 아마존 숲의 대량 파괴를 목도하고 있습니다. 또한 우리는, 모든 대양의 산성화와 산호초로 둘러싸인 그레이트배리어리프의 백화 현상, 그리고 남북극에서 빙산이 녹아내리는 모습도 보고 있습니다. 제3의 극지라 할 수 있는 티베트에서는 히말라야산맥의 빙하 4만 6000개가 녹아내려, 그 유역에 살고 있는 15억 인구의 생명줄인 아시아의 큰 강들이 말라붙을 위험에 처해 있습니다.

　이 모든 일들을 여러분은 너무나 잘 알고 있습니다. 전쟁과 테러와 천연자원의 훼손 때문에 벌어진 이 파괴의 소용돌이 속에서 여러분이 태어나고 자랐으니까요.

세상을 움직일 평화의 역동적 힘

Dalai-Lama　　　○

　　우리의 영국 친구들이 '나쁜 세계 증후군'[2]
이라고 표현하는 것에 잠식되지 마십시오. 민주주의와 인권 교
육에 따른 평화 정신이 진전하지 못하고 절망에 빠지게 될 우려
가 있습니다.

　　그렇습니다. 화해는 가능합니다! 독일과 프랑스를 보십시

---

2) 화면상의 폭력이 진짜 폭력과 근심, 불안감에 영향을 준다는 조지 거브너(George Gerbner,
　 1919-2008) 교수의 문화 이론을 참조.

오. 두 나라는 16세기부터 20여 차례나 분쟁을 겪으며 서로 대립했습니다. 그리고 이는 두 번의 세계대전에서 야만의 절정에 달했지요. 1914년과 1939년에 파리와 베를린에는 파병의 물결이 일었고 많은 젊은 병사들이 최전선으로 갔습니다. 그들은 바로 여러분 또래였고, 전장에서 자신들을 기다리고 있는 끔찍한 일들, 참호의 진흙과 강제수용소의 공포를 짐작도 못했습니다. 젊은이들이 죽고 부모들은 자식을 잃었으며, 고아 수백만 명이 생겼고, 국가들은 폐허가 되고 문명도 무릎을 꿇었습니다.

하지만 예전에 호전적이었던 여러 나라에서는 평화의 의지가 전쟁을 부추기던 애국심을 누르고 승리를 거두었습니다. 콘라트 아데나워Konrad Adenauer와 로베르 쉬망Robert Schuman은 선견지명이 있는 지도자들로서, 타의 모범이 될 만한 인류애와 연대 정신을 발휘하여 유럽연합을 만든 것입니다. 대화가 낳은 산물인 이 유럽연합을 다른 정치인들도 이어가면서 여러 민족의 깊은 상처를 치유했습니다.

유럽을 보면 내가 여러분 세대에게 희망을 가질 만한 이유가 많이 생겨납니다. 평화의 역동적 힘은 금세기의 새로운 현실과 같은 곳을 향하고 있습니다. 몇몇 회원국에서 민족주의가 발호한다 해도 이 움직임을 막을 수는 없습니다. 여러분도 알다시

피 유럽의 모델을 따라 세계 곳곳에 지역 사업을 하는 기구[3]가 많이 생겨나 있습니다.

그 기구들이 좀 더 활발한 통합의 형태로 발전할 수 있도록, 그리하여 인권 무시가 벌어지는 대륙의 각 지역에서 분쟁의 우려가 줄어들고 민주적 가치와 기본적 자유가 신장될 수 있도록 해주십시오. 나는 여러분이 유럽연합의 정신을 세계 전역에 퍼뜨렸으면 합니다.

아프리카의 젊은이들이여, 드넓은 아프리카 대륙의 나라들을 모아 아프리카연합을 만드십시오. 캐나다와 미국의 젊은이들이여, 북미연합을 만드십시오. 라틴아메리카의 젊은이들이여, 라틴아메리카연합을 만드십시오. 아시아의 젊은이들이여, 아시아연합을 만드십시오. 그러면 국제연합 헌장의 멋진 도입구인 "우리, 연합국 국민들은…"을 살릴 수 있는 보다 나은 기회가 생길 것입니다.

---

3) 예를 들면 AU(아프리카연합)이나 ASEAN(동남아시아국가연합), ALENA(북미자유무역협정), MERCOSUR(남미공동시장), AEA(전미경제학회), CARICOM(카리브공동체) 등이 있다.

무너진 장벽 아래의 촛불

Dalai-Lama　　　○

나는 잊지 못할 1989년 11월의 기억을 여러분과 공유하고 싶습니다. 당시 독일은 적대적인 두 나라로 나뉘어 수백 킬로미터에 걸친 높이 3미터의 콘크리트 장벽으로 분리되어 있었습니다. 그것을 기억하지 못하는 분도 있을 것입니다. 그 벽은 '수치의 장벽'이라 불렸습니다. 감시 망루가 군데군데 비죽비죽 솟아 있는 그 장벽은 같은 민족과 가족들을 둘로 쪼갰습니다.

시위에 참여한 수만 명의 열광적인 청년들이 맨손으로 벽에 난 첫 번째 틈을 부수어 열어젖히고 폭력 없이 경계 초소들을 하나씩 무너뜨리던 바로 그 순간에 나는 베를린에 있었습니다. 전 세계가 숨을 죽였습니다. 젊은이들의 힘으로 역사가 격변한 것입니다. 동독에서나 서독에서나 새 세대는 이념적 대립을 거부하고 독일 민족의 통일 의지를 천명했습니다. 두 독일이 가까워질 수 있었던 것은 당시 소비에트연방의 지도자였던 내 친구 미하일 고르바초프Mikhail Sergeyevich Gorbachyev가 1986년부터 시작한 투명 정치 덕분이었습니다. 그는 청년들에게 사격 명령을 내리기를 거부했습니다. 후일 베를린장벽이 무너진 일은 제3차 세계대전이나 마찬가지였다고 단언했습니다.

나는 촛불을 들고 무너진 장벽 밑까지 갔던 일을 지금도 벅차게 기억합니다. 기쁨에 들뜬 군중은 무너진 장벽의 잔해 위로 나를 헹가래 쳐 올렸습니다. 그건 아주 특별한 순간이었습니다. 평화와 자유의 정신이 세계에 불어닥치고 있음을 느낄 수 있었지요. 사람들은 뭐라고 한마디 해보라고 재촉했고, 나는 말했습니다. 이 장벽이 무너지는 것이 지난날에는 불가능해 보였지만 현실이 되었듯이, 티베트에도 다시 자유가 찾아올 것이라고 말입니다.

이 사건이 유난히 내게 큰 상징적 가치를 지닌 이유는, 같은

해 3월에 라싸에서 일어난 평화적 시위를 유혈 진압하는, 참을 수 없는 영상을 보았기 때문입니다. 그로부터 석 달 후인 6월에는 탱크가 베이징 천안문 광장에서 대학생들을 짓밟았습니다.[4] 그런데 1989년 11월 베를린장벽의 붕괴는 젊은이들의 승리와 함께 자유를 말살하는 독재에 대항한 비폭력 운동의 가능성을 보여주었습니다. 오늘날 다시 생각해 보면 이 사건은 제게 20세기 비극의 마무리처럼 다가옵니다. 이 사건으로 말미암아 제2차 세계대전에 이어 일어날 수 있는 전쟁들이 물거품이 되었고, 동유럽에서 공산주의의 종말이 임박해졌습니다.

이렇게 전체주의 체제가 붕괴함으로써 나는 젊은이들이 민주주의와 연대라는 보편적 가치와 하나가 되었음을 더욱더 확신하게 되었습니다. 소비에트연방의 운명을 70년간 고착시켰던 1917년 유혈 혁명의 결과는 평화를 찾는 젊은이들의 항거 덕분에 피 한 방울 흘리지 않고 말끔히 지워졌습니다.

---

4) 1989년 6월 4일 중국 베이징 천안문 광장에서 민주화와 개혁을 요구하는 학생 및 시민들의 시위를 공산당이 유혈 진압한 사건. 6·4 항쟁이라고도 불린다. ─ 편집자

참된 것과 그른 것을 구분하는 방법

Dalai-Lama

O

21세기 초에 살고 있는 전 세계의 젊은이들이여, 마지막 남은 수치의 장벽, 마음속의 장벽을 무너뜨리십시오. 이기주의의 장벽, 자기중심적 사고의 장벽, 개인주의의 장벽, 오만의 장벽, 탐욕의 장벽… 사람과 사람을 나누는 모든 것은 과거의 것입니다. 분리하고 배타하는 것은 여러분 세대가 대표하는 평화의 힘에 저항할 수 없습니다.

실질적인 차원에서 폭력은 때로 필요해 보입니다. 힘을 사용함으로써 어떤 문제의 더 빠른 해결을 바랄 수도 있습니다. 하지만 이 성공은 남의 권리와 안녕을 해치면서 얻은 것입니다. 이렇게 해결되지 않고 그냥 덮인 문제는 반드시 새로이 불거지게 됩니다. 군사적 승리와 패배가 그리 오래가지 않는다는 것을 역사는 보여줍니다. 우리의 일상생활에서도, 가족과 친구 사이에서도 그렇습니다. 제대로 따져보지도 않고 분노와 폭력에 물이 드는 것은 나약하다는 징표입니다. 그러니 여러분의 지성을 사용하고 정신의 움직임을 지켜보십시오. 화가 나면 맹목적인 힘으로 움직이게 되어 참된 것과 그릇된 것을 구분하는 놀라운 능력이 가려집니다. 내 친구인 미국의 정신과 의사 에런 백Aron Beck이 설명해 준 바로는 그러합니다. 분노의 대상에 대한 부정적 생각의 90퍼센트는 우리 자신의 정신적 투사로 이루진다고 합니다. 여러분 마음속에서 일어나는 일을 잘 분석해 보면 더 이상 이런 감정에 휘둘리지 않을 것입니다. 이해한다는 것은 해방되어 평화롭게 행동한다는 뜻입니다. 합리적인 추론에 의거하면 분노와 그 분노의 결과인 공격성과 폭력을 줄이거나 배제할 수 있습니다.

항상 자기 마음 깊숙한 곳에 자리한 동기, 그리고 반대자나 적이 가진 동기를 여러분이 꼭 검토해야 합니다. 때로는 폭력과 비폭력 중 하나를 선택하기가 힘들 것입니다. 비록 그 형식과 외

양이 다정하다 하더라도, 부정적 동기가 있으면 언제든지 남에게 상처를 주는 파괴적 행동으로 귀결될 수 있다는 것을 잊지 마십시오. 반대로 동기가 성실하고 이타적이라면 비폭력적이고 남을 위하는 행동이 나올 것입니다. 오로지 계몽적 연민만이 여러분이 최후의 보루로 힘을 사용하는 것을 정당화할 수 있습니다.

서양인들은 이와 다르게 접근합니다. 그들은 비폭력과 평화적 저항이 동양 문화에 좀 더 잘 맞을 것이라고 하며, 서양인들은 좀 더 행동 위주라서 어떤 상황에서든 즉시 구체적인 효과를 얻고 싶어 한다고 말합니다. 이런 태도는 단기적으로 보면 효과가 있을지 모르지만 장기적으로는 생산을 저해합니다. 반면 인내와 단호함이 필요한 비폭력은 항상 건설적입니다. 베를린 장벽의 붕괴와 동유럽의 해방을 향한 움직임은 이 점에서 시사하는 바가 큽니다. 또한 공산주의 체제하에서 나고 자란 중국 대학생들이 1989년 봄에 자발적으로 마하트마 간디가 평생 지켜온 평화적 저항 전략을 실천했다는 점도 주목할 만합니다. 그들은 무지막지한 진압을 당하면서도 끝까지 평화적인 방향을 밀고 나갔습니다. 어떤 교육을 받았는지와 관계없이, 이 젊은이들은 비폭력의 길을 택한 것입니다.

테러와 전쟁을 대화와 비폭력으로 맞서는 용기

Dalai-Lama　　　○

　　　　　비폭력은 우리 시대의 분쟁에 대한 실천적 해법입니다. 60여 년간 티베트인으로 이루어진 무장 경찰이 중국의 명령을 받고 그 어느 때보다 티베트인들의 자유와 존엄을 억압하여 공포에 떨게 했습니다. 하지만 그런 무서운 전쟁을 겪었음에도 나는 여전히 세계 평화의 대변인 노릇을 하고 있습니다. 나는 연설할 기회만 있으면 우리 안에서 그리고 주변에 평화의 대의와 조건을 어떻게 만들어낼지를 설명합니다. 만약 평화가 가능하다고 믿지 않는다면 나는 이런 연설을 하지 않을 것입니다.

오늘날 전쟁은 완전히 시대착오적인 일이 되었습니다. 법적으로도 우리는 더 이상 선전포고를 하지 않으며, 몇몇 국가들은 의회에서 투표를 거쳐야만 군사행동을 할 수 있습니다. 이제 전쟁에 찬성하는 낡은 이념들은 폐기되었고, 무장 분쟁이 일어날 때마다 세계를 대표하는 여러 도시에서 평화를 외치는 시위가 벌어지곤 합니다. 여러분이 화해와 인류애와 인권의 이름으로 수만 명씩 모일 때 나는 기쁩니다. 여러분이 인류애적 대의를 위해 집결하는 연대를 보면 내 마음도 따뜻해집니다.

여러분 세대는 세계 최초의 IT 세대입니다. 인터넷으로 의식을 고취할 기회를 부여받되 인터넷 검색과 온라인 게임이 도저히 끊을 수 없는 마약이 되지는 않도록, 부디 사회적 그물망을 분별 있게 쓰십시오! 진실과 윤리에 도움이 되는 독립적이고 질 높은 정보를 널리 퍼뜨리십시오! 가짜 뉴스를 전파하지 않기 위해 깨어 있으십시오! '날 때부터 디지털'인 여러분은 세계 시민으로 태어났습니다. 왜냐하면 컴퓨터 문화에는 국경이 없으니까요. 마음속에서 모든 나라의 젊은이들은 여러분의 경쟁자나 적대자, 적이기보다는 친구요 동지요 동반자 아닙니까? 물론 전쟁도 인간이 지닌 기질의 일부이긴 합니다. 하지만 지난 세기의 지구 생태계 파괴로 여러분의 윗세대는 정신을 차렸습니다.

여러분의 부모님 세대는 "이제 다시는 그런 일이 없게 하자!"라고 말했습니다. 그리고 인간이라는 대가족 안에서 대화와 비폭력으로 분쟁을 해결할 수 있음을 보여주었습니다.

물론 여러분은 이렇게 반론할 수도 있을 것입니다. 21세기에 들어서도 여전히 강대국들이 힘으로 제압할 것을 고집하는, 넘치도록 많은 분쟁을 눈앞에서 보고 있지 않느냐고요. 군사 제도가 합법적이라고 강변하면서 여전히 전쟁을 받아들일 수 있는 일로 판단하고, 이것이 범죄임을 깨닫지 못하는 사람들도 있습니다. 그런 이들은 그야말로 세뇌가 되어서, 어떤 전쟁이든 흉물스런 일임을 이해하지 못합니다. 이건 이 시대의 역설입니다. 법적으로 더 이상 전쟁은 없지만 위기와 학살은 점점 늘어나고만 있습니다.

여러분은 테러의 목표가 된 적도 있습니다. 2015년 11월에 일어난 파리 테러, 2017년 5월에 일어났던 맨체스터 경기장 테러 등… 이런 사건들은 내 가슴속에 지울 수 없이 깊은 상처를 주었습니다. 젊은이들이 다른 젊은이들을 죽이다니요! 생각할 수도 없습니다! 참을 수 없습니다! 여러분을 공격한 사람들은 테러리스트로 태어난 것이 아닙니다. 그들은 파괴하고, 벌주고, 공포에 질리게 하는 것이 영광된 일이라고 믿게끔 강변하는 오래

되고 거친 광신주의의 조종을 받아 테러리스트가 된 것입니다.

  그래도 용기를 잃지 마십시오! 여러분의 사명은 주변에 대화와 관용과 비폭력적 소통을 발전시켜 과거의 오류에서 교훈을 얻는 것입니다. 맹목적 폭력과 마주했을 때 회한과 분노와 복수심을 낳는 공포를 따라가지 마십시오. 유혈 사태[5] 이후 더 한층 발전한 민주주의와 개방과 관용으로 테러에 답하겠다고 선언한 노르웨이 수상의 말을 들으십시오. 여러분은 동족상잔의 증오를 경계함으로써 평화를 만드는 사람들이 될 것입니다. 여러분 세대가 전쟁을 역사의 쓰레기통 속에 버릴 날이 가까웠습니다. 그때가 되면 여러분은 지금 내가 했던 말이 떠오를 것입니다.

---

5) 2011년 7월, 노르웨이의 수도 오슬로와 우토위아 섬에서 일어난 테러 사건을 말한다.

제2부

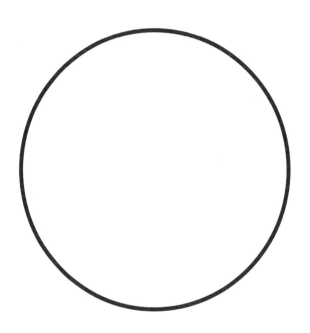

나는 지금도 꿈을 꿉니다

FAITES LA RÉVOLUTION!

나는 작별할 준비가 되어 있습니다

Dalai-Lama 　　　　○

　　　　82세인 저는 언제라도 작별 인사를 할 준
비가 되어 있습니다. 나의 사랑하는 젊은 형제자매들이여, 잘
있어요! 나이로 보면 나는 20세기 사람입니다. 하지만 평화를
바라는 마음이 내 안에 너무 깊이 박혀 있어, 나는 미래의 사람
이고 세계의 젊은이들과 같은 세대라는 느낌을 받습니다. 이런
의미에서 우리는 나이가 같습니다. 다시 시작하는 나이입니다.
내 삶의 끝과 여러분 삶의 시작은 서로 맞닿아 있습니다. 우리
의 만남은 새벽의 순간과 같습니다. 어둠과 빛이 하늘에서 마주

치는 순간 더 이상 밤이 아니며 환한 낮도 아닙니다. 그건 하루가 시작되는 순간입니다. 지평선에서 한 페이지가 넘어가고 다른 페이지가 열리는 순간입니다. 내 젊은 친구들이여, 이 새로운 세기에 펼쳐진 역사의 빈 페이지에, 인간이 기억하는 것 중에서 가장 아름답고 행복한 것을 기록하는 일이 여러분의 손에 달려 있습니다.

이 평화의 미래를 나는 모국 티베트에서 예감했습니다. 사춘기였을 때는 라싸까지 들어오는 삽화가 실린 잡지를 게걸스럽게 뒤적였습니다. 그것만으로 여러분이 사는 나라들을 알았지요. 1956년에 처음 야크와 말을 타고 인도에 왔는데, 세상에서 제일 높은 티베트의 고갯마루를 넘을 때는 그 높은 곳에서 뉴욕의 마천루가 보일 줄 알았습니다.

전임 달라이라마가 물려주신 구리 망원경으로 포탈라궁 테라스에서 달 표면을 관찰하면서, 아닌 게 아니라 마천루도 이걸로 볼 수 있었으면 했습니다. 나는 현대 문명으로부터 여러 가지를 찾아냈고 인류의 정신 상태를 진화시키는 일에도 참여했지만 '언제나 평화를 위해'라는 말에는 항상 참여해 왔습니다. 관찰에 강한 나는 여러분에게 말합니다. 만약 여러분이 폭력 속으로 더 깊이 파고든다면 끝내 인류가 고통을 겪는 것을 보게 될 것입니다. 21세기는 평화의 세기가 되거나 그렇지 않거나, 둘 중 하나일 것입니다.

전 세계의 젊은이들이여, 나는 여러분에게 서로 사랑하는 평화로운 세상을 일구는 첫 세대가 되어달라고 촉구합니다. 세계 시민권을 만드십시오! 그것은 이상향이 아니라 전략적 목표가 되어야 합니다. 21세기가 고통, 파멸, 과거의 유혈 사태를 되풀이하지 않도록 만드는 것이 여러분 한 사람 한 사람의 책무이기 때문입니다. 여러분 생전에 인간이 가장 열망하는 바인 평화와 인류애가 도래할 거라고 나는 확신합니다.

인류애로 기후 위기에 답을 낸다면
어떠할까요?

Dalai-Lama　　　　○

　　　　　　　　여러분이 오늘날 겪고 있는 문제들은 여러
분이 만들어낸 것이 아닙니다. 우리 세대와 여러분의 부모님 세
대, 20세기를 살아온 이 세대들은 문제를 만든 세대입니다. 여러
분은 문제를 해결하는 세대가 되십시오! 여러분의 부모님은 환
경을 파괴할 의도가 없었습니다. 대부분의 사람들은 이미 너무
늦은 뒤에야 이 재앙의 규모가 크다는 것을 깨달았습니다. 왜일
까요? 환경 훼손은 매우 조금씩 오랫동안 아무도 모르게 진행되
었기 때문입니다. 2011년에 나는 다람살라에서 '생태주의, 그

윤리와 상호 의존'[6]이라는 주제로 국제적 전문가들을 모았습니다. 그들 중 한 사람은 이산화탄소가 무색무취라는 것을 개탄했습니다. 만약 이산화탄소가 파랑색이나 분홍색이고 냄새가 있었다면 그 기체가 존재하는 줄 알았을 테고, 이산화탄소 축적의 위험성을 대중이 알아차려 정책에 반영했을 테니까요.

나도 농담조로 말한 적이 있습니다. 정부 지도자들을 문이 닫힌 방에 머물게 하고 숨쉬기에 불편을 느낄 만큼 이산화탄소를 오랫동안, 충분히 뿌려야 한다고요. 질식시키려는 것이 아니라, 그들이 직접 깨닫고 시급히 필요한 안전 조치를 하게 하려는 것입니다. 왜냐하면 인류 역사상 처음으로 여러분과 자녀의 생존권이 더 이상 보장되지 않기 때문입니다.

9세에서 20세에 이르는 미국 어린이와 젊은이들이 미래 세대의 이름으로 취한 주도권에 박수를 보냅니다! 온실 효과를 내는 기체에 오염되지 않은 환경에서 살아갈 법적 기본권을 강조한 이들에게 박수를 보냅니다![7] 이산화탄소가 공기 중에 쌓이면

---

6) 2011년 10월에 열린 제23차 '마음과 삶' 강연회를 말한다. '마음과 삶' 강연회는 불교와 과학이 함께 현실의 본질에 대한 이해를 넓히는 데 도움을 주었다.
7) 2015년 9월에 미국 오리건주 법정에서 '줄리아나 대[對] 미국 기후' 고소에 관한 판결이 있었다. 기후학자 제임스 핸슨James Hansen은 법정에 출두하여 온실효과를 뒷받침하는 발언을 했다.

지금의 어린이들이 어른의 나이가 될 때까지 산다는 보장이 없다는 과학적 보고에 의거하여 판사도 그들의 말이 옳다고 했습니다. 이 판결은 비단 미국에만 국한된 것이 아닙니다. 기후 정의를 위한 국제적 움직임이 북미에서 필리핀까지, 그리고 뉴질랜드에서 인도와 노르웨이까지 전 세계에서 일어났고 각국 정부와 기업에게 환경에 미치는 영향에 대한 책임을 촉구했습니다. 젊은이 여러분, 기후 정의의 선봉장이 되십시오. 왜냐하면 여러분이 직접 관련된 당사자니까요!

　여러분 다수가 참여한다니 안심이 되고 사태를 낙관하게 됩니다. 여러분이 마주치는 문제들, 그러니까 기후나 일반적 폭력, 특별한 테러리즘 등은 신이 만든 것도 아니고 붓다가 만든 것도 아니며 외계인이 만든 것도 아닙니다. 하늘이나 땅에서 갑자기 튀어나온 것도 아닙니다. 전적으로 인간이 원인인 문제들입니다. 이는 좋은 소식입니다. 우리가 이 문제들을 만들어낼 수 있었다면 그 문제를 해결할 방도도 있다고 생각하는 것이 논리적이니까요. 우리가 마주친 위기는 숙명이 아닙니다. 여러분 스스로에게 이런 질문을 해봅시다. "인류애로 이 위기에 대한 답을 낸다면 어떨까?"라고 말입니다.

자유 · 평등 · 박애 · 정의의 가치

Dalai-Lama　　　　　〇

　　내가 처음으로 프랑스대혁명에 대한 이야 기를 들었던 때가 생각납니다. 어릴 적 라싸의 포탈라궁에 있던 때였습니다. 러시아혁명도 함께 언급되었는데, 이런 사건들에 푹 빠진 나는 당시 드물게 접할 기회가 있었던 외국인이자 나의 세속적인 학문의 스승 역할을 한 분들께 그에 대해 여쭤보기도 했습니다.

　　당시 혁명이 일어났다는 소식을 티베트에서 최초로 접했던 기억도 납니다. 1956년 헝가리 혁명이었습니다. 비록 몸은 부다

페스트에서 멀리 떨어져 있었지만, 마음만큼은 그 혁명을 일으킨 젊은이들과 아주 가까이 있었습니다.

프랑스대혁명의 이상이자 공화주의의 대표적 좌우명이 된 '자유, 평등, 박애'라는 말은 내게 큰 인상을 남겼습니다. 나 역시 그것을 좌우명으로 삼았습니다. 불자로서 내 수행의 목표는 남들과 주위 환경으로부터 자신이 분리되어 있다는 환상의 원인이 되는 근본 무명無明에서 해탈하는 것이었습니다. 이 무명이 모든 고통의 뿌리가 되지요. 또한 평등은 불교의 원리이기도 합니다. 왜냐하면 모든 유정 중생8)은 인간이든 아니든, 똑같이 깨달음의 가능성을 갖고 있기 때문입니다. 평등의 실천을 우리는 치우침 없는 마음, 혹은 평정심이라 부릅니다. 요컨대 박애란 일상에서 계발한 자애와 연민이 환히 빛을 발하는 것입니다. 인도 헌법은 프랑스대혁명의 기치에다 네 번째 항목인 정의를 덧붙여 완성되었습니다. 이건 타당한 일인 것 같습니다. 왜냐하면 경제·사회적 정의가 없는 박애란 고귀하지만 공허한 이상일 테니까요.

---

8) 유정有情 중생이란 생명이 있는 모든 존재를 말한다. - 옮긴이

1950년에 라싸에서 티베트의 정치·종교적 지도자로 옹립되어 즉위하자마자 제가 취한 첫 번째 정치적 행동은 박애를 선양하는 것이었습니다. 포탈라궁 근처의 감옥에서 나는 무겁고 두터운 나무칼을 목에 두른 채 고통에 시달리는 죄수들을 너무 많이 보았습니다. 그 칼이 얼마나 무겁고 딱딱한지 목뼈가 부러질 지경이었습니다. 그래서 나는 티베트 전역에 일반 사면을 내렸습니다. 그다음에는 독립된 법체계를 만들어 티베트의 봉건사회를 개혁하려 했습니다. 토지를 분배하고 농촌사회를 귀족계급에 복속시킴으로써 세습되고 있는 부채를 탕감할 수 있도록 위원회를 만들고 위원들을 임명했습니다. 하지만 중국에서 온 점령자들이 더 빨리 정권을 잡았고, 반민주적인 티베트를 현대화시킨답시고 억지로 사업을 추진했습니다.

나는 1959년에 인도로 망명해야 했습니다. 목숨이 위험했기 때문입니다. 그러니 인도에 망명해서야 비로소 우리 제도에 민주적 운용을 도입하게 된 것이지요. 티베트 역사상 최초로 뽑힌 국회의원들은 1960년 9월 2일 다람살라에서 선서를 했고 이어서 나는 권력 분립, 즉 법 앞에서의 시민들의 평등과 자유선거 그리고 정치적 다원성을 널리 선포하는 헌법을 제정했습니다. 1948년 세계인권선언에 기반을 둔 이 헌법은 정교政教가 분리된

국가의 토대가 되었습니다. 나는 우리의 정신적 가치를 비폭력과 평화에 엄숙히 하나가 되는 데에 두었습니다.

티베트 사람들이 내 권력의 전통적 범위를 제한하는 이 개혁을 받아들이게 하기 위해, 나는 있는 힘을 다해 그들을 설득해야 했습니다. 그들이 그동안 봐왔던 것들과 과도한 개인숭배는 이에 장애가 되었습니다. 민주주의 학습이 필요진 것이지요. 2011년에야 마침내 내 뜻대로 자랑스럽게 정치적 책무를 수상에게 이양함으로써, 망명 상태인 우리의 민주주의에서 완전히 정교가 분리될 수 있었습니다. 나의 젊은 친구들이여, 민주주의를 위해 목숨을 바치고 왕의 목까지 친 여러분의 조상과 달리 티베트 사람들은 혁명을 할 필요가 없었다는 것을 이제 알았겠지요.

조용한 혁명을 합시다

Dalai-Lama　　　○

내가 티베트의 달라이라마면서도 나만의 정견(政見)을 갖고 있다 하여 놀라는 사람들도 있습니다. 하지만 나는 프랑스대혁명의 추종자입니다. 그리고 프랑스에 갔을 때나 프랑스 젊은이들과 만났을 때 그런 말을 할 기회도 많았고요.

비록 프랑스혁명사를 상세히는 모르지만, 나는 이 혁명에서 세계 최초의 인권 선언이 나왔으며 그 대원칙이 1948년 세계 인권선언을 낳았다는 사실에 주목했습니다. 티베트에서는 인권 선언문 복사본을 한 부 소지하는 것조차 금지되어 있다는 사실을 여러분은 아마 모르실 겁니다. 그건 막중한 전복 행위나 마찬가지로, 국가의 확실성을 깨뜨리는 반역죄에 해당하여 감금이나 고문을 당할 수도 있습니다. 내가 이 말을 굳이 하는 이유는, 이 선언문의 혁명적 영향력이 얼마나 큰지를 여러분이 짐작할 수 있게 하기 위함입니다. 내가 받은 인상은 이러합니다. 역사적으로 프랑스 지성인들은 항상 전 세계적인 이성에 바탕을 둔 추론과 보편적이고 세계로 열려 있는 시각을 보여주었다는 것입니다. 가장 명철한 사람들은 21세기 우리에게 필요할 법한 예리하고 기존 질서에 비판적으로 반항하는 위대한 정신을 지니고 있었습니다. 지금 우리는 우리를 많이도 괴롭힌 구舊세계의 이념을 아예 없애야 하기 때문입니다.

붓다의 제자이면서 프랑스대혁명의 추종자이기도 한 나는 또한 카를 마르크스의 추종자이기도 합니다. 마르크스는 프랑스를 탁월한 혁명의 나라라고 보았고, 1789년 대혁명의 기제를 아주 잘 설명했습니다. 구 사회는 더 이상 그 시대의 경제 현실에 맞지 않았고, 그래서 프랑스 귀족들이 예전에 독점했던 권력과 특권을 차지하려 했다가 사회 계급 간에 대치하게 되었던 것입니다. 바로 이런 추론이 러시아 차르 시대에 일어난 볼셰비키 혁명에도 적용됩니다. 이 역시 지나친 프롤레타리아 착취에 맞

선 권리 주장 운동이었던 것입니다. 이처럼 해방과 사회정의를 추구하는 운동으로 인한 변화에 정치적 책임자들이 걸림돌이 될 때 혁명이 필요해지는 것입니다.

그러니까 부와 박애를 공유한다는 관점에서 보면 나는 마르크스주의자로서, 레닌에 이어 스탈린이 공산주의의 이상을 전체주의 쪽으로 돌려놓아 칼 마르크스가 원래 갖고 있던 생각을 망쳐놓은 것이 개탄스럽습니다.

내가 전에도 말했지만, 지난날의 오류를 되풀이하지 않기 위해서는 역사 공부를 해야 합니다. 모든 혁명들을 검토해 보면 혁명은 증오와 분노와 좌절의 원인인 이해관계의 충돌에 대한 반작용이 증폭되다가 걷잡을 수 없게 되어, 마침내는 봉기의 과정에 방아쇠가 당겨진 것임을 알 수 있습니다. 프랑스대혁명이건 볼셰비키혁명이건 문화혁명이건, 혁명은 모두 유혈 사태와 약탈과 공포를 불러왔습니다. 혁명으로 정치 지도자가 실각하거나 체제가 변화했다고는 해도, 인간 정신을 근본적으로 바꿔놓지는 못했습니다.

반면 20세기 말의 혁명들은 평화적인 방식으로 진행되었습니다. 그리고 평화를 기치로 삼아 봉기한 사람들은 늘 젊은이들이었습니다. 그래서 우리 시대의 도전 앞에서, 나는 여러분에게 인류 역사상 전례가 없는 혁명을 하라고 호소하는 것입니다.

제3부

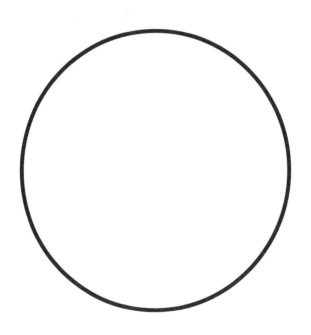

세상을 바꾸는 '우리'

FAITES LA RÉVOLUTION!

뇌를 바꾸는 연민의 혁명

Dalai-Lama 　　　　**O**

　　2017년 6월에 나는 미국 샌디에이고에 있는 캘리포니아대학교의 초청을 받아 졸업식 연설을 하게 되었습니다. 그곳에는 부모가 이민자 세대인 중국 학생들이 많았습니다. 나는 "연민의 문화혁명을 하십시오!"라고 하면서 오늘날은 그런 혁명이 이루어질 만큼 정신이 성숙해졌다는 말을 덧붙였습니다. 2017년에 연민 혁명은 어떤 이상향 같은 것이 아닙니다. 그래서 나는 이런 호소를 합니다. "21세기의 젊은이들이여, 연민 혁명을 하십시오!"라고 말입니다.

이 말은 위안을 주려는 틀에 박힌 말도, 뜻 없이 공허하기만 한 표어도 아닙니다. 나이 많은 승려가 현실에서 멀리 떨어져 세상 물정 모르는 꿈을 꾸고 있는 게 아닙니다. 연민 혁명을 하라고 촉구하는 나는, 지금 여러분에게 혁명 중의 혁명을 하라고 하는 것입니다. 여러 유명한 인물들이 많은 종류의 혁명을 주창했습니다. 경제 혁명, 기술 혁명, 에너지 혁명, 교육 혁명, 정신 혁명, 윤리 혁명, 내적 혁명, 의식과 마음의 혁명 등…. 나는 좀 더 나은 세계가 시급히 필요하다고 생각하기에 이런 제안에 동의합니다. 하지만 내가 생각할 때 연민 혁명이야말로 다른 모든 혁명의 영혼이자 버팀대이며 영감입니다.

왜 그럴까요? 연민은 반드시 필요하기 때문입니다. 사람들은 연민을 어떤 고귀한 이상이나 아름다운 감정 같은 것으로 보지만 이는 잘못입니다. 물질 위주의 개인주의적인 사회에서 자라난 여러분에게는 어쩌면 연민을 보인다는 것이 나약하다는 표시로 느껴질지도 모릅니다. 그런데 이는 연민이 무엇보다도 생명을 떠받치는 에너지임을 잊어버리는 일입니다. 내가 이런 호소를 하는 순간에도 세상에서는 많은 삶이 와르르 무너지고 있습니다. 지구에 척추를 지니고 사는 생물 중 3분의 2가 사라졌습니다. 곳곳에서, 밭에서 바다에서 허공에서 숲에서 생명이 사라지고 있습니다. 6600만 년 전에 공룡이 멸종한 후 다양한 생명이 이렇게 대량 말살되는 것은 우리 생태계와 사회에 매우 심각한 결과를 가져옵니다. 그런데 이는 기술로 인해 증폭된 인간 행동의 영향과 직접 연결되어 있습니다. 이 연민의 시대에 우리가 생명을 복원하려면, 이 지구에서 살아가는 방식을 다시 생각해 보아야 합니다.

감정적, 사회적 신경과학의 발전으로 인해 오늘날 우리는 연민의 생물학적 특성이 무엇인지를 이해하고 있습니다. 이에 따르면 연민은 우리가 잉태될 때부터 죽을 때까지 신경성 질환[9]에 긍정적인 영향을 끼친다고 합니다. 반대로 공격성은 뉴런 순환계의 발달을 제한하며 뇌 구조의 세포들을 파괴하고 일부 유전자의 표현을 막는다고 합니다.

그러니까 연민은 뇌의 성장과 가소성에 핵심적인 기능을 합니다. 또 어린이와 청소년의 조화롭고 원만한 성장 여부를 결정합니다. 성인 연령에 이르면 연민이 고조되어 건강한 삶에 중요 요인이 됩니다. 마음속에 연민이 스며들면 스트레스 유전자

---

9) 혹은 새로운 뉴런의 형성.

가 멈추고 뇌의 생화학도 바뀌어 행복 호르몬이 분비되는 것입니다.

부모들과 교육자들, 소아과 의사들과 심리학자들은 이를 직관적으로 알고 있습니다. 하지만 사랑하고 보호하고 아끼고 돌보는 것이 인간이라는 종의 특성이며 그 생존 조건이라는 객관적 증거를 대야만 했지요. 제가 말하고 싶은 바는 공격적이고 파괴적이며, 거칠고 분노에 차 있거나 잔인한 행동들은 반사회적일 뿐만 아니라 자연에도 역행하는 것이라는 이야기입니다.

연민은 배움이 아니라 깨달음입니다

Dalai-Lama　　　　○

　　　　우리의 어머니는 유년 시절 중요한 역할을
하였습니다. 이는 이 세상 70억 인구 누구에게나 그렇습니다. 여
러분도 이 나이쯤 되면 알겠지만 어머니의 사랑 없이는 내가 살
아남지 못했을 것입니다. 이것이 자연의 법칙입니다. 아버지도
중요한 역할을 하지만, 생의 첫머리에 어머니란 다른 무엇으로
도 대체할 수 없는 존재입니다. 어머니는 어린이의 몸과 마음,
정신과 가장 가까운 존재이지요. 여러분을 뱃속에 넣고 세상에
내보내준 사람이 바로 어머니입니다. 이 원초적 연결의 체험은

결정적입니다. 여러분은 젖과 어머니의 사랑을 먹고 자라났습니다. 사회성이 부족한 사람 대부분이 아주 어린 시절에 애정 결핍이 있었다는 것은 증명된 사실입니다.

내 얘기를 해보죠. 나는 가난한 집안에서 태어나 티베트 동부 낙후된 지역의 작은 마을에서 살았습니다. 그렇지만 항상 마음만은 부자였습니다. 어머니의 한없는 선의로 인해 마음이 넉넉했지요. 어머니 얼굴에서는 화난 표정을 조금도 찾아 볼 수 없었고, 끊임없이 주변에 좋은 일만 하셨습니다. 어머니가 나의 첫 번째 스승이었다고 나는 봅니다. 내게 감히 평가할 수 없는 연민의 가르침을 전해주셨던 분입니다.

젊은 여성들이여, 이 세기에 그토록 필요한 연민 혁명의 선구자가 되라고 여러분에게 호소합니다. 좀 더 나은 세계를 만들기 위해 여러분이 해야 할 특별한 역할이 있습니다. 여성이 남성보다 감정이입이 더 잘 되고 더 민감하고 남의 느낌에 더 수용적이라는 것은 생물학적으로 증명된 사실입니다. 이런 의미에서 여성은 인류의 모델입니다. 역사를 연구해 보십시오. 어느 시대에나 다섯 대륙 모두에서 살육과 파괴를 촉발한 것은 남성들이었습니다. 사람들은 그들을 영웅이라고 추켜세웠지만, 실은 그들을 전범戰犯으로 처단했어야 합니다!

선사시대에는 강자의 법칙이 지배했고 남성이 가진 근육의 힘이 여성에 비해 우월했습니다. 그래서 남성의 지배가 어쩔 수 없이 강요되었지요. 하지만 세월이 흐르면서 이러한 힘의 관계는 달라졌습니다. 교육과 지식과 능력이 우위를 차지하게 된 것입니다. 나는 누가 뭐래도 여성주의자로서, 수많은 젊은 여성들이 점점 더 많이 고위직에 오르는 것을 보면 기쁩니다. 게다가 나는 영예롭게도 여성 국가 원수들을 여러 명 만나보았습니다.

그러니 젊은 여성 친구 여러분, 나라의 정치·경제 생활에서 활발한 역할을 하시라고 여러분을 격려합니다. 그리하여 여러분이 요직에 오르면 연민 혁명을 진전시킬 수 있을 것입니다.

리더십을 발휘하십시오. 우리는 자애와 연민을 증진하기 위해 여러분이 필요합니다! 세계의 200개국쯤은 여성이 다스렸으면 하는 내 꿈을 실현시켜 주십시오! 여성이 다스리는 나라들에는 전쟁, 폭력, 경제 및 사회적 불의가 덜할 것입니다. 무엇보다 그런 높은 자리에 오르고 그 자리를 유지하려면 마땅치 않은 남성적 행동을 그대로 따라 해야 한다고 생각하지 마십시오. 진정한 힘은 자애와 연민에서 나옵니다. 여러분 중에 이런 의미에서 힘을 행사하는 사람이 많을수록 폭력은 더 줄어들 것입니다. 21세기의 젊은 여성들이여, 혁명 중의 혁명을 하는 선봉장이 되십시오!

무엇보다 우선하는 인간이라는
카테고리

Dalai-Lama   O

내가 여러분에게 연민 혁명을 일으키라고 호소할 때 깨달았겠지만, 나는 어떤 이념의 이름으로 호소하는 것이 아닙니다. 나는 현실에 적용되거나 집권당이 권위로 강요하는 이념이나 편견 체계 같은 것을 믿지 않습니다. 이념은 사회의 모든 부문에 퍼지기에 더욱 위험합니다. 더 이상 여러분은 이념을 판별할 수 없습니다. 그뿐만 아니라 이념은 여러분이 모르는 사이에 세상을 이해하는 방식을 규정해 버립니다.

나는 또한 불자로서, 즉 달라이라마나 티베트인으로서 연민 혁명을 여러분에게 이야기하는 것이 아닙니다. 나는 어디까지나 한 인간으로서 여러분에게 말하는 것입니다. 여러분이 미국인, 유럽인, 아프리카인, 그밖에 이런저런 종교 집단이나 종족 집단의 구성원이기에 앞서 한 인간임을 절대 잊지 말라는 말씀을 드립니다. 이러한 특성은 부수적인 것입니다. 그런 특성들이 전면에 나서게 하지 마십시오. 내가 만약 "나는 승려다", "나는 불자다", "나는 티베트인이다"라고 한다면 인간이라는 내 특성보다 하위에 있는 그 현실이 문제가 될 것입니다.

사태를 명백하게 하기 위해 나서십시오. 우리는 모두 인간이라는 한 가족의 구성원이라고 쓴 말을 다시 읽어보십시오.

우리의 다툼은 주로 부차적 원인에서 생겨납니다. 서로 도우십시오. 문화, 철학, 종교, 신앙의 차이 때문에 중단하지 말고 가까운 관계를 쌓아 올리십시오. 우리가 인간이라는 것은 기본적인 사실입니다. 인간으로 태어났다는 것은 죽을 때까지 바뀌지 않습니다. 다른 덜 중요한 특징들은 변화의 자의적인 바람에 굴복하여 바뀌게 되어 있습니다.

2015년 11월에 파리 테러가 벌어진 후 나는 종교의 몰락을 인정했습니다. 서로 닮은 점을 중심으로 모이도록 하는 일이 아닌, 분리를 심화하는 일을 우리 각자가 계속 하고 있는 것입니다. 어느 종교도 좀 더 나은 인간이나 좀 더 나은 세계를 만드는 일에 성공한 적이 없습니다. 그래서 나는 2017년에 서슴지 않고 여러분에게 말했던 것입니다. 우리는 시급히 종교를 넘어서 가야 한다고요. 종교 없이 살 수는 있습니다. 하지만 자애와 연민 없이 살 수 있습니까? 과학은 오늘날 연민이 여러분의 생물학적, 인간이 기본적으로 갖춰야 할 현실임을 보여줍니다.

전 세계 부의 절반을 갖고 있는
67명의 부자들

Dalai-Lama　　　　　○

여러분은 이념적, 종교적 분쟁에 직면한 젊은 성인들입니다. 게다가 생명의 섬세한 근원이 되살아나는 것을 막고 천연자원을 과도하게 착취하는 경제체제에 희생되고 있지요. 이것은 정의롭지 못한 처사입니다. 지구상에서 가장 많이 소비하는 사람들[10]처럼 살려면 5개 이상의 행성이 필요하다

---

10) 전 세계 족적 네트워크(Global Footprint Network)의 2017년 통계에 따르면 이는 호주 사람들이다.

고 합니다. 그리고 부자 67명이 전 세계 인구의 절반이 지닌 만큼의 부를 독점하고 있다고 합니다. 완전히 말도 안 되는 일이지요! 받아들일 수 없는 일입니다! 이런 부조리한 상황, 병적인 이기주의의 결과인 이 상황에 여러분은 어떻게 접근하시렵니까? 유일한 출구는 연대 의식을 확장하면서 민주주의에 새로운 숨결을 불어넣을 연민 혁명을 하는 것입니다. 지역 공동체를 세계 공동체와 망으로 잇는 새로운 협동 모델을 만들고, 연민을 사회생활의 중심에 두십시오. 집단 지성, 즉 공유의 지성을 한번 이 일에 걸어보십시오. 그리고 무엇보다도 그런 생각을 행동으로 옮기는 첫 세대가 되십시오! 여러분은 지구상에서 생명의 절멸 위협에 처음으로 직면한 세대인 동시에 그것을 고칠 수 있는 마지막 세대이기도 합니다. 여러분 이후에는 때가 너무 늦을 것입니다….

연민 혁명을 한다는 것은 의식화를 의미합니다. 세 번째 천년(2001~3000년)에 들어선 여러분은 지구라는 생태계의 아이들입니다. 세계가 여러분의 조국이고, 인류가 여러분의 가족입니다.

서로 연결된 지구 차원의 의식 체계를 통해 이 논리를 끝까지 밀고 나가십시오. 여러분의 소비 행위와 일상생활에서 쓰는

물건들 하나하나가 지구에 영향을 미치니, 에너지 면에서 그것들이 무엇을 남기는지를 평가십시오. 그리고 그 생산 방식과 재활용 방식을 숙지하여, 무엇이 지구에 도움이 되는지 살피는 마음을 기르십시오. 일회용 플라스틱 뚜껑을 사용하고, 휴대전화를 자주 바꾸고, 스테이크나 닭고기 너겟을 먹는 것이 당장은 아무렇지도 않은 듯 보일 수 있습니다. 플라스틱 병 하나의 무게는 겨우 몇 그램에 지나지 않습니다. 하지만 이 몇 그램을 70억 인류가 마신 다른 병들 전부와 합치면 어떨까요? 그 결과 매초마다 209킬로그램의 플라스틱이 바다에 버려집니다. 그중 많은 부분이 새와 해양 포유류의 뱃속에 들어갑니다. 수천 마리나 되는 동물들이 극심한 고통을 겪으면서 해안으로 밀려오고, 뱃속에 우리가 버린 병과 종이컵과 칫솔, 라이터 등이 꽉 찬 채로 굶어 죽습니다.

또 다른 예를 들어 볼까요. 쇠고기 1킬로그램을 얻는 데 낟알 15킬로그램과 물 50리터가 필요합니다. 지구상의 경작 가능한 땅 중 3분의 1이 부자 나라 사람들이 섭취할 가축을 먹이기 위해 경작되고 있습니다. 이러한 생산 방식은 범죄입니다. 우리 모두는 다른 나라 사람들이 굶어 죽는 것에 대한 책임이 있는 것입니다. 우리가 모두 채식주의자가 된다면 이 기근은 당장 멈추겠지요. 모든 미국인이 단 하루만 고기 없이 지내도 1년 동안 2500만 명을 먹여 살릴 수 있다고 합니다. 그러니 시야를 넓히고 곰곰이 생각해 보되, 이 모든 매개변수를 전체적으로 살펴보는 시각도 잃지 마십시오.

이런 정보와 다른 많은 정보들은 여러분이 좋아하고 놀라운 수준의 집단 지성에 연결시켜 주는 소셜 네트워크에 접속하기만 해도 즉각 얻을 수 있습니다. 한 나라에서 만들어지는 요소는 다른 모든 나라에도 영향을 끼칩니다. 우리 시대의 새로운 현실이 이렇습니다. 우리가 70억 명의 타인은 물론이고 우리의 생존을 조건 짓는 생태계 전체와 연결되어 있음을 인정하는 것이 중요합니다. 개인주의적이고 자기중심적인 태도는 비현실적이고, 그래서 더욱 위험합니다. 그렇기에 나는 여러분을 생명이 서로 연결되어 있는 현실을 파악할 수 있는 내적 변화 과정으로 초대하는 것입니다. 이 세계는 여러분의 일부이며 여러분은 이 세계의 일부입니다. 여러분이 변하면 세상이 변합니다. 그러면 상호 의존 의식으로 말미암아 폭력이 줄어들어, 마침내 종식될 것입니다. 왜냐하면 타인의 이익이 곧 여러분의 이익이기도 하기 때문입니다.

감정은 숨기는 것이 아니라
드러내는 것입니다

Dalai-Lama ○

알아차린다는 것, 이는 자기감정이나 그때그때 떠오르는 공상에 사로잡히지 않는다는 의미이기도 합니다. 특수 효과까지 곁들여져 영화로 촬영된 폭력을 보면 물론 마음을 홀딱 뺏기겠지요. 화면상에서는 살인 사건이 연평균 2600건이나 일어나는데, 실생활에서는 제 희망 사항이긴 해도 한 건도 일어나지 않을 수 있습니다. 여러분이 테러 사건의 살인적인 폭력을 눈앞에서 본다면 폭력이 얼마나 증오스러운 것인지 경험할 수 있습니다. 비디오에서 재미로 나오는 폭력은 공포를 팔아 먹

고사는 산업에서 이득을 취한다는 사실을 꼭 알아야 합니다.

나는 여러분이 이른바 '감정의 위생'을 실천하는 첫 세대가 되기를 바랍니다. 대부분의 사람들은 여러분에게 먹거리에 주의를 기울이고, 건강에 해로운 음식과 행동들을 피하라고 가르칩니다. 그건 좋은 일이죠. 그런데 나는 어린아이들에게 감정을 억누르기보다는 이해하라고 가르쳐야 한다고 권합니다. 미국, 캐나다, 인도에서는 어린이집에서부터 이 시험적인 체험을 조금씩 해보게 합니다. 잘 생각해 보면 여러분이 살면서 마주치는 문제 대부분에 대한 책임이 자신에게 있다는 것을 알게 될 겁니다. 이는 스스로 파괴적인 감정이 반복되는 체계에 휩쓸려가기 때문입니다. 그걸 알아차린다는 것이 중요합니다. 그래서 나는 2016년 5월에 '감정 지도'[11]를 발표했습니다. '감정 지도'란 내 친구인 심리학 교수 폴 에크먼Paul Ekman이 중심이 되어 전문가 149명과 함께 만든 것인데, 여러분의 감정 상태를 지도로 정확하게 나타낸 것입니다. 여러분의 요동치는 감정을 위해 만들어진 상호 소통 지도는 인터넷 사이트를 방문하면 확인해 볼 수 있습니다.

---

11) 공식 홈페이지인 www.atlasofemotions.org를 참고.

그러고 나서 여러분의 반응을 내게 알려 주십시오. 이 지도는 여러분의 정신 상태가 이랬으면 좋겠다, 또는 저랬으면 좋겠다 하는 영향과 외부적 요소들을 평가하는 데 도움이 될 것입니다. 예컨대 공격성에 관해 논란이 일었다 칩시다. 신경전이 고조해 가는 데에 따른 신호들을 관찰하는 법을 배우십시오. 여러분은 어조를 높이고 화를 내고 때로는 끝내 폭력까지 쓰게 됩니다. 그렇지만 이 지도를 통해서 여러분은 부정적이고 자기 파멸적인 감정들을 중립적으로 만들거나 아예 없애고, 긍정적 감정을 계발할 수 있게 될 겁니다.

현대물리학이 증명한
이타주의의 필연성

Dalai-Lama　　　　O

불교 사상에 기반을 둔 고전적인 교육을 받은 나는, 모든 것이 서로 의존해 있으며 인간에게는 무한한 연민의 가능성이 있다는 법칙을 배웠습니다. 우리의 기도에는 자애, 연민, 기쁨, 평정심, 즉 사무량심四無量心이 들어갑니다. 하지만 현대물리학은 나의 종교적 전통을 넘어서 이런 의식 상태의 무한한 특질을 다른 각도에서 엿보게 해주었습니다. 특히 나는 압

둘 칼람(Abdul Kalam12)과의 대화를 통해 그것을 이해할 수 있었습니다. '인도의 사하로프(Andrei Dimitrievich Sakharov, 소련의 핵물리학자이자 인권 운동가)'라 불리는 그는, 모든 것이 서로 관계되어 있다는 '연기론'을 설파한 불교의 대성인大聖人 나가르주나(용수보살)의 사상에서 양적 불확실성의 정수를 재발견했다고 털어놓았습니다. 양적인 시각에서는 극미極微의 차원에서 상호 의존한다는 조상들의 직관이 옳다는 것을 확인할 수 있습니다. 가장 미시적인 구조에서조차 여러분은 태양계와 은하계와 우주와, 심지어 상상 그 너머까지와도 상호작용하고 있다는 것입니다. 태어나기 전, 살아 있는 동안 그리고 육체가 죽은 다음에도 여러분의 세포는 무한한 우주와 함께 진동합니다. 이는 여러분의 생각이나 느낌이 지금 지어 넬수 있는 것의 차원을 넘어서, 무한대까지 이어집니다.

이타주의를 실천한다고 해서 그것이 자기를 없앤다거나 자기를 함부로 대한다는 것이라고 생각하지 마십시오. 남에게 좋은 일을 하면 상호 의존의 원칙 때문에 여러분은 여러분 자신에

---

12) 전 인도 대통령(2002~2007년)이자 핵물리학 전문가.

게도 좋은 일을 하는 것입니다. 이렇게 하면 좀 더 차분하고 평정한 기질이 키워집니다. 그리고 자기중심주의가 얼마나 기본적인 상호 의존의 현실에 맞지 않으며 또 얼마나 자연에 역행하는 것인지도 이해하게 될 것입니다. 살면서 이기주의가 얼마나 많은 문을 닫아거는지, 반면에 이타주의는 얼마나 많은 문을 활짝 열어주는지 관찰해 보라고 나는 말합니다.

서양의 철학, 이념, 정치, 경제 이론은 그들이 부추기는 경쟁, 선망, 질투, 회한이 사회에 창조성과 역동성을 부여한다는 믿음을 퍼뜨렸습니다. 20세기 동안 상호 무관심과 자기 안의 문을 꽁꽁 닫아거는 것을 특징으로 하는 파멸적인 경쟁이 '함께하는 삶' 안에서 고조되었습니다. 서양 사회의 놀라운 비약이 감탄스럽지만, 그 사회 이념 때문에 여러분의 부모 세대가 연민에서 파생되는 상호 의존 법칙을 모르게 된 것은 개탄할 만한 일입니다. 특히 사람들이 끔찍하게 고립되어 있으면서도 대부분의 생활수준이 높은 부자 나라에서 그것을 볼 수 있습니다. 수천 명의 이웃이 옆에 사는데도 많은 노인들은 고양이나 개에게밖에 애정 표현을 할 수 없습니다. 이런 상황이 역설적이라고 생각되지 않으십니까? 나는 여러분에게 사회 기능과 인간관계에 대해 더 많이 생각하고, 더 많이 배려하는 쪽으로 다시 방향을 잡으라고 말하고 싶습니다.

제4부

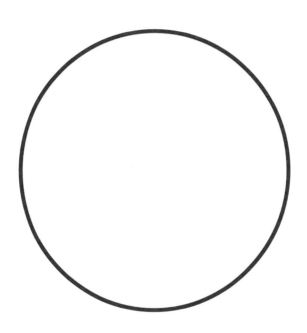

나의 마지막 선물

FAITES LA
RÉVOLUTION!

어떻게 연민의 혁명을 할 것인가?

Dalai-Lama   O

젊은 친구들이여, 여러분은 아마 어떻게 연
민 혁명을 하느냐고 묻겠지요. 연민 혁명은 내적 혁명입니다. 이
말은 그 혁명이 외부 세계에 아무 효과가 없을 거라는 뜻이 아닙
니다. 반대로 그 결과는 역사상 가장 극단적이었던 프랑스대혁
명, 볼셰비키혁명, 중국의 여러 혁명들보다도 클 것입니다. 연민
의 위대한 밤은 여러분 세대와 여러분 자녀 세대의 노력 없이는
오지 않을 것입니다. 나는 여러분에게 남의 고통에 공감하여 그
고통을 위로하게 하는, 연민이 가진 신경생물학적 토대에 관해

이야기했습니다. 어떻게 하면 여러분과 친한 사람의 범주를 넘어 생판 모르는 사람들, 게다가 적의를 가진 사람들에게까지 이러한 자세를 자연스럽게 확장해 나갈 수 있을까요?

공감을 넘어 진정한 연민으로

Dalai-Lama   〇

바로 이 질문에 북미 유수의 대학교[13]에서 시작된 연민의 과학이 직접 답하려고 합니다. 이 일을 시작한 뛰어난 사람들 중 하나가 신경정신과 의사 리처드 데이비드슨[Richard Davidson]입니다. 1992년 처음으로 다람살라에 나를 만나러 왔을 때 그가 내게 털어놓기를, 동료들이 안 좋게 보는 탓에 자기는 '장

---

13) 특히 스탠포드 대학의 연민과 이타주의 연구 교육 센터와 에모리 대학의 티베트 과학 이니셔티브(www.tibet.emory.edu), MIT의 달라이라마 센터(www.thecenter.mit.edu).

롱 속에 들어가서' 몰래 명상을 하고 있다는 것이었습니다. 그는 내게 우울증과 정신병에 관한 자신의 작업 내용을 설명해 주었습니다. 나는 그에게 말했습니다. 물론 인간 정신의 병리를 연구하는 것도 중요하지만, 연구 방향을 긍정적 정신 상태 쪽으로 잡아 어떻게 그런 상태를 발전시킬 수 있을지 연구하는 것도 좋을 거라고요. 나는 사실 연민, 자애, 행복이란 훈련할 수 있는 것이라고 확신합니다. 왜냐하면 나 자신이 티베트의 전통 명상에 몸담고 그렇게 해보았으니까요. 리처드 데이비드슨은 깊이 생각하더니 자신의 연구 방향을 이쪽으로 수정했습니다. 처음에 그는 이 주제에 대해 발표한 것이 별로 없었지만 25년 만에 상황은 정반대로 바뀌었습니다. 연구 후원금이 몰려들어 진정한 연민의 과학이 만들어진 것입니다.

동물과 인간의 행동을 비교한 연구자들은 인지 능력과 분석적 추론 능력이 연민이 커지는 데 도움이 된다는 것을 관찰했습니다. 여러분 자신의 마음속에서 공감 어린 반응을 관찰한다면 다음과 같은 다섯 단계를 거치는 것을 보게 될 것입니다. 첫 단계는 인지입니다. 여러분이 남의 고통을 알게 되는 것입니다. 2단계는 애정입니다. 여러분은 그 고통에 몰두하게 됩니다. 3단계는 의도입니다. 여러분은 그 고통을 위로해 주고 싶습니다. 4단계는 목표가 있는 주시입니다. 여러분은 남의 고통에 집중한 채로 있습니다. 마지막으로 5단계는 행동입니다. 마침내 여러분이 구체적으로 고통을 위로하는 행동에 뛰어들게 됩니다. 이 다섯 단계를 구분하는 것은 연민을 체계적으로 교육하는 과정[14]의 제1부입니다.

연민의 선수가 되십시오! 수준 높은 운동선수처럼 규칙적으로 연습을 하면 기록을 끌어올릴 수 있습니다. 사실 2000년 초부터 신경과학자들은 반복적이고 점진적인 연습으로 뇌의 가소성, 즉 뇌의 구조와 화학적 기능을 바꿀 수 있음을 확실히 증명해 보였습니다. 그렇기에 여러분은 적절한 노력을 통해 일종의 조건 없는 연민을 얻을 수 있습니다. 여기 그 두 가지 예시가 있습니다.

첫 번째는 18년간 중국의 강제 노동 수용소에 갇혀 있다가 말년에 내가 있는 이곳 다람살라의 남걀 사원으로 온 로푀라 스님입니다. 그는 갇혀 있는 동안 아주 큰 위험을 당했다고 털어놓

---

14) 1998년 달라이라마는 연민을 계발하는 인지 훈련 혹은 인지를 기초로 하는 연민 훈련을 미국 에모리 대학 다분야 명상 연구 센터에서 이 대학의 박사이자 남인도 드레퐁 수도원 대학의 박사이기도 한 게셰 로브상 텐진 네기의 지도 아래 시작했다.

았습니다. 나는 '그가 고문과 나쁜 대우 때문에 목숨을 잃을 뻔한 위기를 말하는 것이겠지'라고 생각했습니다. 그런데 그게 아니었습니다! 문제의 '위험'이란 자기를 학대하는 사람들을 향한 연민을 상실하는 것이었습니다. 로푀라 스님은 쉬지 않고 모든 존재, 그에게 고통을 가하려 애쓰는 고문자들까지 포함한 그 모든 존재에 대한 자애를 계발했습니다.

타의 모범이 될 만한 두 번째 예시는 나의 영웅 리처드 무어 Richard Moore의 경우입니다. 그는 10세에 북아일랜드의 도시 런던데리에서 고무 총탄을 얼굴에 맞아 실명했습니다. 며칠 후 '피의 일요일'[15]에는 시민권을 얻어내기 위해 행진하는 시위 군중에게 영국 낙하산단이 발포하여 그의 삼촌이 사망했습니다. 그렇지만 그는 용서하는 데 이르렀고, 심지어 자기에게 총을 쏘았던 병사를 만나기까지 했습니다. 두 사람은 친구가 되어, 전쟁고아를 돕는 협회[16]에서 활발하게 활동했습니다. 연민이 인간성의 어느 정도에까지 이를 수 있는지 보십시오! 이는 용서와 화해의 저항

---

15) 1972년 1월 30일 아일랜드계의 시위를 진압하러 온 영국군이 비무장 시민 시위대에게 발포하여 14명이 죽고 13명이 다친 사건.

16) Children in Crossfire. www.childrenincrossfire.org.

할 수 없는 힘입니다.

그렇지만 안심하십시오. 이런 시험을 통과하고 승려나 불자나 티베트인이 되어야만 이렇게 크나큰 연민이나 무한한 애정의 경지에 이르는 것은 아닙니다. 여러분도 모두 할 수 있습니다. 우선 나는 여러분에게 말합니다. "연민을 삶의 적극적인 힘으로 삼으십시오!"라고요. 여러분이 인간 본성을 이해하는 방식을 혁명적으로 바꾸면 그럴 수 있습니다. 인간이라는 존재가 본래 착하고 너그러운 마음을 갖고 있다는 과학적으로 근거 있는 확신을 여러분 세대가 키워간다면, 그 결과 사회 전체가 인류를 긍정적으로 보는 시각에 물들게 되면 이것이 얼마나 큰 영향을 미칠지 상상해 보십시오! 여러분은 현대의 권력 관계가 상호 신뢰와 이익의 상호부조에 기반을 둔 새로운 배려의 경제로 발전해 가는 것을 보게 될 것입니다! 이는 배려, 관용, 너그러움, 애정, 용서, 비폭력 등의 보편적인 인간 가치에 중심을 둔 보살핌의 세속 윤리입니다. 이 윤리가 징벌에 대한 공포만 키우는, 지금의 결함 있고 모든 것을 금지하는 윤리를 차차 대체할 것입니다. 그러면 여러분은 자녀들에게 이성과 자애에 기반을 둔 전일적 교육을 하게 되겠지요.

미래의 인류를 위해 남겨진 일들

Dalai-Lama   **O**

개인 차원에서 계발된 이타주의는 세계 차원에서 보편적 책임을 지게 만듭니다. 젊은 프랑스의 유튜버들이 2017년 4월에 찾아와 보편적 책임에 대해 물었을 때 나는 기뻤습니다. 15세의 한 소녀[17]가 내게 팔 근육을 부풀려 보이며 이렇게 말했던 기억이 납니다. "내가 세계를 위해 대체 뭘 할 수 있

---

17) 프랑스의 가수이자 배우인 아델 카스티용Adèle Castillon.

죠? 이 작디작은 이두근으로 말이에요." 나는 그 소녀에게 대답했습니다. 그 작은 두 팔로 아마 대단한 일은 못할지도 모른다고요. 그러면서 그 소녀에게 마음을 바꿔 행동 하나하나, 말 하나하나, 생각 하나하나가 세계에 영향을 줄 수 있다는 걸 깨달으라고 했습니다. 여러분은 인터넷상에 메시지를 퍼뜨려본 경험이 있을 겁니다. 여러분 각자의 행동 표현 반경은 전 세계입니다. 그 결과 여러분이 개인적 자유를 행사하는 데에는 지구 차원의 권리와 함께 그만큼의 책임과 의무도 따르게 됩니다.

인류의 미래는 정치인, 대규모 사회나 유엔 지도자에게만 달려 있는 것이 아닙니다. 미래는 자신이 '70억 인류'의 일부분이라고 인정하는 사람들의 손에 달려 있습니다. 여러분 개인으로는 세계의 문제들을 해결할 수가 없습니다. 하지만 오직 모범의 힘으로만 누군가를 떠밀거나 죄책감을 건드리지 않으면서도 다원주의를 존중하며 다른 젊은이들에게 책임감을 고취시킬 수 있을 것입니다. 여러분 주변의 책임 있는 개인의 수는 수십 명에서 수백 명으로, 이어 수천 명에서 수십만 명으로 늘어날 것입니다. 그때 여러분은 전체 상황이 나아지는 것을 보게 될 것입니다. 여러분과 자녀들은 내가 열망하지만 아마도 보지는 못할 세상에서 살게 될 것입니다.

현재의 문제들은 주로 우리가 인간 가족과 지구라는 생태계를 소홀히 했기 때문에 제기됩니다. 그러니 보편적 책임이 단지 인간에게만 있는 것이 아니라 모든 유정 중생에게도 있다는 것을 잊지 마십시오. 어렸을 때 내 스승들은 자연을 잘 돌보라고 가르치셨습니다. 나는 움직이는 것은 모두 의식을 갖고 있다고 배우며 자라났습니다. 그런데 의식에는 고통스럽다거나 기쁘고 즐겁다는 느낌이 결부되어 있습니다. 어떤 유정 중생도 고통 받고 싶어 하지 않습니다. 불교 수행에서 우리는 모든 고통을 끝내고 싶다는 마음인 연민에 너무 익숙해져 있어서 공격하지도 않고, 우리가 사랑과 존중으로 다루는 식물을 포함한 어떤 형태의 생명도 파멸시키지 않으려 합니다.

하지만 여러분, 여러분 같은 젊은 친구들은 자연이 통제받아야 한다고 확신하며 기술적 쾌거를 자랑스러워하는 세상에서 자랐습니다. 바로 여기에 심각한 오류가 있습니다. 전혀 현실적이지 않은 이런 태도는 이름만 과학적인 태도입니다. 왜냐하면 여러분은 자연의 일부이기 때문이고, 연민은 자신을 보살피듯이 자연을 보살피라는 명령을 하고 있기 때문입니다.

시급한 일입니다. 미래의 세대인 여러분의 자녀들을 위해서도 나는 여러분에게 연민 혁명을 할 것을 호소합니다.

서양인들의 '인류'라는 말은 보통 현재의 인류만을 말합니다. 아닌 게 아니라 과거의 인류는 더 이상 존재하지 않지요. 미래의 인류는 아직 없고요. 서양인의 관점에서는 현재 있는 세대와 당장의 이익만이 중요합니다. 하지만 우리 뒤에 살게 될 사람들에 대한 배려까지 포함해야 비로소 책임이 보편적이라 할 수 있습니다. 20세기 들어 세 배로 늘어난 세계 인구가 금세기 말에는 또 현재의 두세 배로 늘어나리라는 사실을 감안해야 하지 않겠습니까?

현 성장 체계에 따르면 지구 경제의 발전이란 에너지 소비 및 이산화탄소 배출과 삼림 파괴율이 지극히 높다는 뜻입니다. 우리가 행동을 바꾸지 않으면 지금까지 본 모든 것을 초월하는 전 지구적 차원의 환경 파괴가 일어날 것입니다. 너무 많은 이산화탄소를 배출하는 현재의 소비 방식을 앞으로 3년 사이에 철저히 바꿔야 한다는 전문가들의 결론을 나는 알게 되었습니다. 기후 온난화는 이미 손을 쓸 수 없게 되어 다섯 대륙에 살인적인 더위가 몰려오고 있고 해수면도 해마다 상승하고 있습니다. 더이상 미룰 수는 없습니다. 그래서 나는 여러분에게, 새 세대 젊은이들에게 이 급진적 혁명을 호소하는 것입니다.

내 젊은 친구들이여, 사랑하는 형제자매들이여, 나는 살면서 이 세상의 발전을 끊임없이 지켜보았습니다. 오늘날 위험은 너무 크기에 그 진상을 여러분에게 숨김없이 말해야만 합니다. 자연적 원인에서 비롯된 환경 문제에는 해법이 없을 수도 있습니다. 또 아주 없애기엔 너무 규모가 큰 자연재해에는 속수무책일 수도 있습니다. 더 심각한 일은 기후 온난화 때문에 태풍, 쓰나미, 해일, 가뭄, 토양 유실 등의 재난이 더 악화될 수 있다는 것입니다. 유일한 해법은, 가장 취약한 사람들과 하나가 되어 인류애로써 그런 재난에 용기 있게 또 결단력 있게 대처하는 것입니다.

탐욕이 부른 경제·사회적 불의에서 초래된 재난을 막기 위해 상부상조하고 협력할 때에만 이기주의와 그 밖의 부정적인 마음 상태를 막을 수 있을 것입니다. 좀 더 남을 배려하고 책임지는 쪽으로 의식을 전환한다면 진정한 해법을 얻을 수 있을 것입니다. 이제 지구는 아무 생각 없이 행동한 인간의 결과가 큰 차원에서 어떻게 될 것인지 확실하게 신호를 보내고 있습니다. 사상 최초로 인류의 미래는 떠오르는 세대, 즉 여러분 세대에게 달려 있습니다. 수십억 인류와 함께 지구상에서 살아가는 여타 생명 종들의 생존 여부도 여러분에게 달려 있습니다. 공기, 물, 대양, 숲, 동식물군과 같은 천연자원을 지키는 것은 여러분에게 달린 일입니다. 그러기 위해서 여러분의 자애와 연민의 가능성을 알고 지구를 보살펴야 합니다. 지구를 파괴하면서 그것을 소유하려고 악착같이 굴지만 말고, 지구를 공유함으로써 그것을 사랑하는 법을 배우십시오. 아마도 아직 20~30년은 더 있어야 인간들의 행동이 필요한 만큼 바뀌게 될 것입니다. 하지만 그 시기 이후에는 배려심 있고 책임 있는 인류의 도래를 기쁘게 맞이할 수 있을 것입니다.

여러분은 이 지구를 여러분 자녀들에게, 또 자녀의 자녀들에게 물려줄 것입니다. 자녀들은 조화롭고 서로가 한마음 한 몸이라는 것을 아는 가족 안에서 자라날 것입니다. 그러니 여러분의 젊음을 열심히 즐기는 마음과 낙관주의를 간직한 채 좀 더 정의롭고 행복한 미래로 나아가십시오. 연민 혁명은 현재 진행 중입니다. 내 젊은 친구들이여, 그 혁명을 실현하는 것은 여러분의 몫입니다.

소피아 스트릴르베의 후기

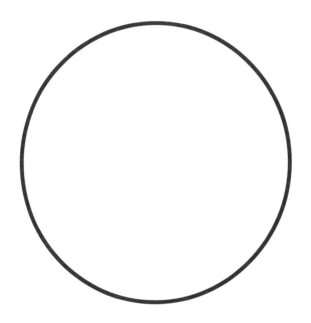

지성을 넘어 우주적 영성으로

FAITES LA RÉVOLUTION!

프랑스대혁명의 신봉자 달라이라마

Dalai-Lama　　　O

2017년 4월 19일, 프랑스에서 젊은 유튜버 네 명이 잠시 특별한 시간을 보내려고 이곳에 왔다. 나는 그들을 안내하여 이 책에 적힌 계획의 중심에 있는 티베트인들의 정신적 지도자 달라이라마를 만나게끔 주선했다. 의식하지 못하는 사이에 달라이라마는 그들을 사로잡았다. 왜냐하면 그들이 보기에 달라이라마는 남을 배려하는 인류의 표상과 같은 존재이니까. 그들은 달라이라마가 '보편적 책임 선언'[18]에서 밝힌 메시지의 호소 대상이었다. 거기서 그들은 보다 나은 세계를 만드는 주인공이 되기 위해 이전까지는 하지 않았던 생각과 독창적인 열쇠를 찾았다. 달라이라마의 마지막 말은 지금 당장 혁명을 하라는 촉구였다. 그들이 프랑스인이니 이 혁명을 프랑스에서 시작하면 되지 않겠는가. 달라이라마는 그 청년들에게 그렇게 말한 뒤, 돌아서서 나를 보고 본인의 가슴 쪽으로 끌어당기며, "이 사람은 내 오랜 친구입니다"라고 자애심을 담아 말했다.

프랑스대혁명이 언급된 것은 몇 달 전인 2016년 9월 13일이었다. 이날 나는 파리의 변호사협회와 함께 달라이라마 강연회를 열다. 그 자리에는 350명의 변호사와 국제 환경문제 전문가들이 모였다.[19] 연설에서 나는 1789년의 대서사시 같은 프랑스대혁명을 언급하며, 그 혁명에서 변호사들이 선봉장 역할을 했다는 이야기를 했다. 다음 날 프랑스 상원에서 달라이라마가

---

18) 2016년 les Arène에서 출간한 『Nouvelle réalité, l'Âge de la responsabilité universelle』 참조.
19) 보편적 책임, 권리, 환경에 관한 강연회가 열려 변호사협회 회장인 로베르 바댕테르[Robert Badinter]와 프레데리크 시카르[Frédéric Sicard], 부회장 도미니크 아티아스[Dominique Attias]와 파트리시아 사빙[Patricia Savin], 코린 르파주[Corinne Lepage], 얀 아길라[Yann Aguila], 이봉 마르티네[Yvon Martinet] 등의 변호사, 그리고 '유럽 평화와 보편적 책임[Peace and Universal Responsibility Europe]'이라는 단체의 창립자 겸 대표인 코아 응우옌[Khoa Nguyen]이 참석했다.

내 말에 동조한다는 시선을 보내며 그 스스로가 종교를 떠나 프랑스대혁명의 신봉자라고 말했다. 나는 그러니까 유튜버들과의 만남에서 그가 내린 결론, 즉 그가 청년들에게 보내는 호소를 혁명을 하자는 제안으로 해석한 셈이다. 달라이라마는 이를 확인해 주었고, 그로부터 석 달 후 나와 만나기로 약속했다.

신경과학과 불교의 만남

Dalai-Lama　　　　○

　2017년 7월, 달라이라마는 '지극한 평화의 정원 궁'이라는 곳이 있는 북인도 라다크의 시와첼 포드랑에서 나를 접견했다. 우리가 함께 보낸 시간 동안 그는 나를 뚫어져라 응시하며 특별한 에너지, 즉 그를 움직이는 연민 혁명의 에너지를 내게 전해주었다.

　달라이라마 자신이 연민 혁명을 이룬 후 그 메시지를 진작에 내게 전해준 바 있다. 우리의 주고받음을 준비하기 위해 나는 티베트어로 '로종'이라 불리는 마음 수련 자료들을 찾아보았다.

'로종'이란 점진적으로 의식 방향을 재설정하는 훈련을 통해, 의식이 자기중심적인 방식보다는 저절로 남을 이롭게 하는 방식으로 움직이게 만드는 것을 말한다. 그런데 달라이라마는 이 문제에서 매우 단호하다.

21세기를 이끌고 나갈 세대에게 연민 훈련은 공통적 경험과 상식으로 확인된 신경과학적 발견에 기반을 두고 이루어져야 한다. 그 이유는 첫째, 과학은 보편적인 반면 종교는 편을 가르기 때문이다. 둘째, 요즘 젊은이들은 과학적 사고를 하기 때문이다. 셋째, 젊은이들의 정신을 바꾸려면 그들이 정신의 기능을 알고 신경과학적 도구를 써서 자신들의 지성을 가동해야 하기 때문이다.

달라이라마는 2500년간에 걸쳐 자기 성찰을 투철하게 연구한 불교 심리학에서 영감을 받았을 수도 있다. 스스로를 규정할 때 절반은 불교 승려요 절반은 과학자라고 하는 달라이라마는 신경과학과 불교, 이 두 정신과학의 협력을 위해 연구 센터와 병원과 학교에 명상을 도입함으로써 정신, 의학, 교육학을 새롭게 이해할 수 있다는 것을 보여주려고 지난 30년간 열심히 노력해 왔다. 하지만 새 시대의 젊은이들에게 이야기할 때 그는 그들의 입장에 섰다. 급박한 시대에 직면하여 그들을 어떻게 하면 좀 더 잘 안내할 수 있을까? 종교를 넘어서야 한다. 연민 훈련의 기초를 인간 이성과 상식에 두고, 어떤 믿음이든 그 종교의 믿음 체계에 의존하지 않아야 한다. 그 메시지의 전복적인 성격은 신경 쓰지 말고 그냥 넘기라는 그의 주장을 의식하고 그의 말을 경청하면서, 나는 2009년에 우리가 함께 만든 첫 책『나의 영적 자서전^{Mon Autobiographie Sprituelle}』[20] 이후 걸어온 길을 재어 보았다. 몇 주 내내 그것을 재어 보며 우리가 나눈 말들 중 특히 강조했던 말씀들을 마음속으로 곱씹어 보고, 그것을 마음에 간직한 채 이 책을 썼다.

---

20) 2009년에 Presse de la Renaissance에서 출간되었다.

인더스강 변에서의 자연에 대한 명상

Dalai-Lama　　　　　○

　　　　　　　연민 혁명의 메시지가 내게 이리도 깊이
울리는 것은, 달라이라마가 생태주의에 관한 메시지를 발표했
던 COP21[21]에서 나눴던 변호사들과 법률가들과의 대화에서 나
의 성찰이 시작됐기 때문이다. 그 소통의 결과로, 집단적 참여를
주제로 삼고 법과 양심에서 나온 개인의 참여에 관해 토론하는

---

21) 제21차 유엔 기후 변화 협약 당사국 총회. 2015년 11월 30일부터 12월 12일까지 프랑스 파
리에서 진행되었다.

'법과 의식'이라는 일련의 세미나들[22]이 열리게 되었다. 그 토론들이 공통적으로 다룬 내용은 환경적으로 시급한 현 단계에서 중대한 것인데, 바로 우리 인간이 지구 생태계와 서로 의존하고 있으며 거기서 보편적 책임이 나온다는 것을 인정하는 것이었다.

라다크에서 보낸 어느 날 저녁, 달라이라마와 만난 나는 그를 구체적으로 느끼게 되었고, 인더스강 변의 모래사장을 맨발로 걸었다. 내 눈길이 머무는 곳에 히말라야산맥이 보였다. 촘촘하면서도 우뚝 선 그 산맥은 불어오는 바람의 광기를 맞아 반질반질하게 닳았지만 의지 굳은 그 봉우리들로 무지개 같은 능선을 그리고 있었다. 하지만 그 풍경도 파도와 그 용솟음치는 생명에너지와 마주치면 가려진다.

나는 순례자들의 열렬한 신앙으로 세워진, 봉헌 기념물들이 군데군데 서 있는 성산聖山 카일라스[23] 아래 빙하의 시원始原에서 발원하는 '사자 강'[24]의 맑은 물이 된다.

나는 5000만 년을 흘러왔으며 설산의 고장 티베트에서부

---

22) 파리 변호사단은 이 행사를 공식 교육으로 인정했다.
23) 티베트에 있는 산으로 불자들에게는 수미산이라고도 알려져 있다. - 옮긴이
24) 생게 창포. 인더스강의 티베트어 이름.

터 라다크, 발티스탄, 카라코룸산맥, 힌두쿠시산맥을 거치고, 남쪽으로는 펀자브평야와 신드평야를 적시고 아라비아해에 일곱 개의 널따란 평야를 남기며 흘러드는, 장장 3000킬로미터에 걸친 아찔한 협곡이 있는 이 거대한 강의 격렬한 흐름이 된다.

나는 발목을 간질이는 강물의 찰랑거림이 된다. 그 찰랑거림이 세계의 지붕 티베트가 겪고 있는 고통이 되어 내 몸에 저릿하게 스며든다. 어린이와 청년과 온갖 연령층의 남녀들이 종교적이든 비종교적이든 중화인민공화국의 독재에 저항하여 분신자살하는 이 창살 없는 감옥. 150여 개의 인간 횃불이 오늘도 다른 나라들의 무관심 속에 타오르는 그곳.

나는 또한 그 강의 힘 있는 목소리가 되어, 강이 부르는 억누를 수 없는 연민의 노래, 인류의 원초적인 선善의 자애롭고 빛나는 근원을 되찾으라고 호소하는 노래를 실어 나른다. 히말라야의 풍경 속에서, 나는 삶이 하나라는 원리에 따르면 존재한다는 것은 즉 함께 존재하는 것임을 체험한다.

몇 달 전인 2017년 3월 21일, 우타라칸드주[25]는 갠지스강

---

25) 인도 북부에 있는 주.

과 그 지류인 야무나강[26]과 지역 내의 모든 강을 살아 있는 개체로 인정했다. 크고 작은 강, 개울, 시내, 폭포… 이것들은 지구 생태계 내에서 우리의 형제자매나 다름없기에 고등법원이 사람에 준하는 지위와 권리를 부여한 것이다. 게다가 인도의 판사들은 그것들을 자녀의 건강과 안녕을 보장할 의무가 있는 '인간의 얼굴을 한 부모parents à visage humain'라는 단체[27]의 보호하에 두었다.

인더스강에 대한 이러한 애정을 나는 더욱 뼛속 깊이, 친밀하게 느낀다. 그것은 이 강이 심각한 위협을 겪고 있기 때문이다. 이 강의 하류는 산업공해뿐 아니라 도시와 인접한 데서 오는 인구 밀집으로 인해 커다란 노천 시궁창처럼 변해버렸다. 강물에 사는 동물군도 다 죽어버렸다. 여러 댐들이 생겨나 동물군과 하나인 생태계를 파괴했기 때문이다. 그래서 오늘날에 이르기까지 강물 속에는 돌고래가 1000마리쯤밖에 남아 있지 않다. 강 유역의 평야는 지구온난화의 결과인 삼림 황폐와 해수면 상승 때문에 파괴되었다. 농토가 즐비하고 맹그로브 숲이 우거져 있던 만灣은 이제 바다가 되어 100만 명 이상의 난민이 뭍으로 강

---

26) 자무나강 혹은 줌나강이라고도 불림.
27) 2017년 Buchet-Chastel에서 출간한 발레리 카반Valérie Cabanes의 『Homo natura』 참조.

제 이주해야만 했다. 강의 흐름을 따라 생물을 먹여 살리는 자연의 생명과 모든 것을 망치는 환경 파괴[28]의 원인이 되는 인간의 약탈을 분리하는 선이 그려진다. 비행기로 라다크에 돌아갔을 때 인도의 수산 및 갠지스강 살리기 부[部] 장관인 우마 바르티의 다음과 같은 편지를 읽고 나는 얼마나 기뻤는지 모른다.

"물 문제에는 언제나 자애를 갖고 공격성 없이 접근해야 할 것이라고 나는 진정 믿습니다. 우리는 이미 네팔, 방글라데시와 협력하고 있으며 이런 정신으로 우리의 다른 이웃들과도 협력해 나가길 바랍니다."[29] 이러한 선언은 법조계에서 활동하는 사람들이 현재 진행 중인 자연의 권리에 대한 주요 혁명의 일환이다.[30] 각국 정부들도 이에 발맞추고 있다. 이리하여 프랑스 대통령은 2017년 9월 19일 유엔 총회에서 세계 환경 협약[31], 즉 파리 협약에 뒤이은 새로운 단계의 조치를 발의한 것이다.

일찍이 50년쯤 전에 클로드 레비스트로스[Claude Lévi-Strauss]는 말한

---

28) 환경 파괴라는 범죄의 정의는 www.endecocide.org 참조.
29) 에어 인디아Air India에서 내는 잡지 『슈브 야트라』 2017년 7월호 참조.
30) 발레리 카반의 『Un nou veau droit pour la Terre』 참조. Le Seuil에서 2015년에 출간했다.
31) '세계 환경 협약'은 100여 명의 국제 전문가들이 사무총장인 얀 아길라 변호사의 지도하에 작성한 것이다.

바 있다. "인권을 발휘하는 것이 동식물 종의 절멸을 가져오는 순간부터 인권에 제한을 두어야 한다."[32]라고. 그러니까 현재부터 2050년까지 인류의 7분의 1이 기후 난민이 될 것이라고[33] 예고된 지구 차원의 격변에 대비하면서 현재의 순간 쾌락을 중시하고 인간 중심적인 인권을 다시 생각하기 위해서는 새로운 사회계약이 필요한 것이다.

---

32) 레비스트로스, 『르몽드Le Monde』, 1979년 1월 21일 자.
33) 이봉 마르티네 변호사의 '환경 이재민 헌장'과 코린 르파주 변호사의 '인권 선언' 참조.

이타주의 혁명과 지구의 민주주의

Dalai-Lama　　　　　○

　　　　　"우리는 환경문제를 알고 있습니다. 여러
분은 알고 계시나요?"라고 파트리시아 사빙^{Patricia Savin} 변호사는
아주 시의적절하게 물었다.[34] 바로 이 점에서 연민 혁명이 의미
를 갖는 것이다. 이 문제가 법률적인 차원으로 넘어가려면 우리
의 내적 의식 구조가 바뀌고 이타주의가 우리 삶의 핵심에 놓여

---

34) 파리 변호사협회 회장이자 같은 협회 산하 '지속 가능한 발전' 위원회 위원장. 2017년 8월
   31일에 열렸던 컨퍼런스 '기후와 양심' www.droitetconscience.org 참조.

야 하기 때문이다. 지금 이루어지고 있는 개혁만으로는 그 개혁
이 아무리 타당한 것일지라도 충분치 않다. 실적, 경쟁, 겨루기
의 문화에서 나눔과 연대의 문화로 옮겨가야 한다. 이는 혁명이
다. 연민 혁명이다. 오늘날 이 혁명은 진행 중이다. 이 혁명에는
다른 이름들이 붙어 있고 혁명을 대변하는 다른 사람들도 있다.

　　마티유 리카르[Matthieu Ricard] 스님은 연민 혁명을 "이타주의 혁
명"이라고 부른다. 연민이 뇌의 구조, 화학, 기능을 바꾼다는
1000가지가 넘는 과학적 사례들을 열거한 그의 책 『이타심』[35]
에서 그는 이를 이론화한다. 또한 그는 이 혁명을 그가 아시아에
서 벌이고 있는 인도주의 사업[36]과 동물 보호[37]를 통해 펼치고
있다.

　　연민 혁명은 또 "인류애 혁명"이라고도 불린다. 철학자 압
데누르 비다르[Abdennour Bidar[38]]는 "우리 함께 이 세상의 찢어진 상처
를 치유하자"고 호소하고 있다. 지금 "여기저기 찢어지고 상처

---

35) 마티유 리카르, 이희수 옮김, 『이타심Plaidoyer pour l'altruisme』, 하루헌, 2019.
36) '카루나 셰첸'이라는 단체를 통해서 진행하고 있다. 홈페이지 주소는 www.karuna-shechen.org.
37) 『Plaidoyer pour les animaux』, Pocket, 2015.
38) 프랑스의 작가이자 인류애 운동의 창시자.

투성이인 이 세상"에서 "위기에 빠진 어머니"가 있다는 것을 확인했다는 그는 "인류애를 바꾸어 정치적 계획을 수립하자"[39]고 제안한다.

연민 혁명은 또 인도의 환경운동가 반다나 시바[40]의 말대로라면 "지구의 민주주의"라고도 불린다. 지구의 민주주의가 실행되려면 인류의 근본적 지도자 다섯 명이 파종, 물, 식량, 토지, 숲 문제를 논의하여 인류가 마침내 생명 전체와 소통할 수 있는 진정하고도 심오한 민주주의를 실행해야 한다.

연민 혁명은 마지막으로 "조용한 백만 혁명"[41]으로도 불리며, 좀 더 생태주의적이고 참여하며 연대하는 시민 사회가 이에 희망을 불어넣는다. 연민 혁명의 새벽은 밝았다. 그리고 이는 꿈이 아니다. 연민의 세상은 존재한다. 이는 이 세상 안에 있다.[42]

2017년 7월에 달라이라마를 만났을 때 나는 그의 호소에 사람들이 귀를 기울일 수 있게 최선을 다하겠다고 약속했다. 석

---

39) 〈텔레라마Télérama〉에서 2016년 10월 31일에 진행한 인터뷰.
40) 그녀는 이러한 활동으로 1993년 '대안노벨상'이라 불리는 올바른 삶 상을 탔다.
www.navdanya.org.
41) 2016년에 출간된 프랑스 저널리스트이자 인도 전문가 베네딕트 마니에Bénédicte Manier의 책 제목이다.
42) 시인 폴 엘뤼아르Paul Eluard의 시구 "다 존재한다. 이는 이 세상 안에 있다"를 모방한 것이다.

달 전 그 앞에 데려갔던 네 명의 유튜버가 기억났다. 지성뿐만 아니라 가슴에도 호소한 달라이라마의 말에 그들이 얼마나 주의를 기울여 경청했으며 가슴 벅차 했는지도 기억났다. 이 젊은 이들의 이름은 아델 카스티용^{Adèle Castillon}, 세브 라프리트^{Seb la Frite}, 발랑탱 르베르디^{Valentin Reverdi}, 소피안 부두니^{Sofyan Boudouni43)}이다. 그들은 부글부글 끓어오르는 이 세상과는 멀리, 아주 멀리 떨어져 있는 다른 세상을 발견했다. 이 책은 태어나고 있는 그들의 세상에 내가 보태는, 새로운 힘이다.

다람살라에서, 2017년 10월 2일

---

43) 기자 겸 제작자인 아나이스 드방^{Anaïs Dehan}도 있었다. 세브가 만든 비디오 '인도에 머물다' 참조. www.youtube.com/watch?v=wmT0h3e6Am0.

보편적 책임 선언 요약

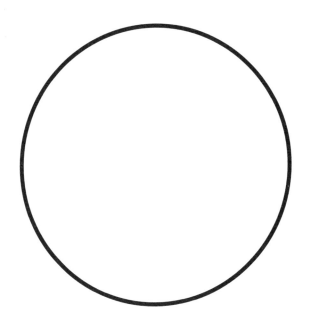

보편적 책임 선언[44] 요약

연민 혁명을 한다 함은 보편적 책임 선언에서 발표된 세 가지 의식화와 열한 가지 삶의 약속을 하는 것을 말한다.

첫 번째 의식화 : 내적 평화와 생의 현실을 서로 공유하기

나는 이 지구상에, 우주 한복판에 생명의 자녀로 태어났다. 나만의 고유 약호[略號]에는 우주의 메시지가 담겨 있다. 나는 공유된 삶의 현실 속에서 모든 생명과 이어져 있다. 그들의 안녕은 생태계의 균형에 달려 있으며, 생태계의 균형은 사람들 내면의 평화와 인간 사회의 정의 정신에 달려 있다. 인간 사회에서는 아무것도 버림받아서는 안 되며 기근, 빈곤, 박탈 때문에 장애가 있어서도 안 된다. 편파성과 집착, 증오로부터 자유로운 평정심의 정신으로 나는 삶의 조화를 유지하고 확립하는 데 공헌한다.

---

44) '보편적 책임 선언'은 달라이라마의 요청에 따라 그의 가르침을 바탕으로 하여 만든 것이다. 문장은 소피아 스트릴르베가 작성하였고, 삼동 린포체와 컬럼비아대학교의 로버트 서먼[Robert Thurman] 교수, 요하네스버그의 '불변의 헤리티지' 대표 에리크 이츠킨[Eric Itzkin] 교수가 검토 및 수정하였다. 최종본은 옥스퍼드에서 2015년 9월에 달라이라마와 함께 만들었다.

두 번째 의식화 : 우리의 내적 인류

나는 이 지구상에 내 가족인 인류 안에 생명의 자녀로 태어났다. 다른 존재와 협력하기 위하여 나는 세계의 지속 가능한 발전의 가장 확실한 토대는 내가 개인적으로, 그리고 남들과 함께 내적 평화와 자애, 연민을 실천하는 것임을 인정한다. 나는 이렇게 함으로써 인류라는 운명 공동체 안에서 희망과 믿음을 더 굳힌다.

세 번째 의식화 : 사티야그라하, 진실의 힘

나는 이 지구상에 커다란 자연의 평화 속에 태어났다. 인터넷과 세계화의 시대에 내가 기술 경제의 문화에 조종당하고 그 도구가 됨을 느낄 때, 나는 마하트마 간디가 "사티야그라하"라 부른 '진실의 힘'에 기반을 둔 보편적 책임의 지혜를 구현해야 함을 의식한다. '사티야그라하'란 불의에 대항하여 벌이는 비폭력적 싸움의 무기이다. 진실이 나를 통해 표현되는 그때부터 나는 무적無敵이다. 살아 있는 동안 진실의 힘을 일상에서 실천하면 나는 남들 가운데서, 그리고 남들과 함께 평화와 정의와 진실을 만들 수 있는 사람이 된다. 나는 세계 시민으로서 보편적 책임의 새로운 시민적 연결을 받아들인다. 어느 날인가는 앞날의 세대들이 내가 열망하지만 아마도 나는 보지 못할 세상이 오는 것을 볼 수 있도록 말이다. 그러므로 나는 힘이 닿는 한 끊임없이 평화와 자애의 정신으로 '인류애 넘치는 세상'이라는 새로운 현실을 만들도록 노력한다.

내 삶의 방향키를 잃어버렸을 때

달라이라마의 마지막 수업

초판 1쇄 인쇄 2022년 3월 28일
초판 1쇄 발행 2022년 4월 5일

지은이 달라이라마
엮은이 소피아 스트릴르베
옮긴이 임희근
펴낸이 김선식

경영총괄 김은영
책임편집 김상영 **책임마케터** 박태준
콘텐츠사업8팀장 김상영 **콘텐츠사업8팀** 최형욱, 강대건
마케팅본부장 권장규 **마케팅4팀** 박태준, 문서희
미디어홍보본부장 정명찬
홍보팀 안지혜, 김민정, 이소영, 김은지, 박재연, 오수미
뉴미디어팀 허지호, 박지수, 임유나, 송희진, 홍수경
저작권팀 한승빈, 김재원, 이슬 **편집관리팀** 조세현, 백설희
경영관리본부 하미선, 박상민, 윤이경, 이우철, 김혜진, 김재경, 최완규, 이지우, 안혜선, 오지영, 김소영,
김진경
외부스태프 표지디자인 霖design **본문조판** 신미영

펴낸곳 다산북스 **출판등록** 2005년 12월 23일 제313-2005-00277호
주소 경기도 파주시 회동길 490
전화 02-704-1724 **팩스** 02-703-2219
이메일 dasanbooks@dasanbooks.com
홈페이지 www.dasan.group **블로그** blog.naver.com/dasan_books
용지 IPP **인쇄** 민언프린텍 **제본** 국일문화사 **후가공** 제이오엘앤피

ISBN 979-11-306-8889-3 (03100)

다산북스(DASANBOOKS)는 독자 여러분의 책에 관한 아이디어와 원고 투고를 기쁜 마음으로 기다리고 있습니다.
책 출간을 원하는 아이디어가 있으신 분은 다산북스 홈페이지 '투고원고'란으로 간단한 개요와 취지, 연락처 등을
보내주세요. 머뭇거리지 말고 문을 두드리세요.